摘藝中日

陳志誠 著

中華書局

前言

上世紀九十年代，時任浸會大學中文系主任的陳永明教授，接受了《香港聯合報》副刊主編薛興國先生之邀，增闢一個以談文說藝為主的小專欄，永明兄跟着找來時任中文大學中文系教授的鄺健行兄和我三人合作為該名為〈摘藝〉的小專欄撰稿。

我們三人雖然合作撰稿，但所寫的內容並無任何限制，也各不相涉，各人可以就自己的興趣來撰寫。由於永明兄的興趣在西洋音樂方面，所以他文章所談的便側重在西洋音樂的題材；健行兄曾留學希臘多年，所寫的便着重在跟希臘有關的內容，而我因曾往日本求學，所寫的便大都跟東瀛有關者為多。

我們自一九九二年九月開始，直至一九九五年十二月為止，共寫了三年有多，積存的文章數量相當可觀。就以我個人來說，積存的文章便有三百餘篇，約逾二十多萬字。

永明、健行二兄都先後將其積存的文章結集成書，然後付梓出版。不過，永明兄的書出版得比較早，健行兄的書出版得比較遲，但萬萬料想不到的是：其書的面世，竟在健行兄離世的前夕。唯一令人感到值得安慰的，是他平生著作等身，但絕大部分都屬於中國古典文學方面，現在，終於有一本較為特殊的作品留在人間，貢獻學術，不致讓一本好好的書籍湮沒無聞。

健行兄將其書取名《摘藝西東》，一方面表示其中的文章主要出自〈摘藝〉小專欄；另一方面也顯示其內所述，涉及西方和東方的文明，可說是本難得的好書，同類甚或近似的書籍都不多，值得珍惜。

健行兄生前多次希望我繼他們兩位之後，把刊登於〈摘藝〉中的文章結集成書出版，但由於我的個性比較疏懶，所以遲遲都沒有成事。如今，為了感激亡友的一番深情厚意，我試圖於刊登在那小專欄的文章中，選輯略多於一半而成一本小書，書名就沿用健行兄的意思，名為《摘藝中日》，以作個紀念。

中、日兩國，是所謂一衣帶水的鄰邦，彼此關係密切，特別是文化上的交流，已有超過二千多年的歷史，而揭開中日關係的應該是秦始皇時的徐福，關於其人其事，最早出現於司馬遷的《史記》，其中如〈秦始皇本紀〉、〈淮南衡山列傳〉和〈封禪書〉等好幾個地方都有提及跟徐福有關的故事。日本人也深信不疑，並且認為他登陸的地方就是日本本州和歌山縣的新宮市，甚至地方上也有徐福墓、徐福祠之類的紀念設施。但在我國歷史上，卻沒有確切地說明，徐福所到之處就是日本。要是徐福果真到了日本的話，那麼，漢字在秦初便已登陸日本了。

不過，即使徐福沒有真正到達日本，但秦漢之際，遺民卻不少，相信仍有很多中國移民，從中國大陸移居日本的。他們有的經朝鮮半島，有的則直接前往，隨着他們的移居，漢字在公元前二百年左右已經登陸日本，應該是很有可能的事情，只是當時應用的範圍並不太廣而已。

直到公元八世紀時，日本才出現正式使用漢字記述自己歷史的書籍。第一本是公元七一二年寫成的《古事記》，第二本是公元七二零年寫成的《日本書紀》。這兩本最早的日本史書，都用漢字來書寫。這時的日本，仍然是只有語言，沒有文字的。既然整本書籍都用漢字來書寫，那亦可反映當時對漢字的運用已相當成熟，也漸漸得到普及。

根據《日本書紀》的記載，應神天皇（公元二七零年至三一零年）期間，朝鮮半島的百濟王曾派遣名叫阿直岐（Achiki）的人來日本，史書上說他「能談經典」，應神天皇的太子菟道稚郎子（Ujinowakiiratsuko）曾拜他為師。其後阿直岐推薦學問比自己好的王仁（Wani）到日本，菟道稚郎子又拜他為師：「學習諸經典，莫不通達」。至於比《日本書紀》還早八年完成的《古事記》，說得更為具體，說王仁貢上《論語》十卷、《千字文》一卷，共十一卷。這是有記錄說明漢籍傳入日本之始。隨着漢籍的傳入，漢字自然也至遲在公元三、四世紀便已東傳日本了。

以上所說的，都是些書面的記錄或傳說，一個更具體的證據則是清初乾隆四十九年（公元一七八四年）在九州福岡縣志賀島出土的一顆「金印」，可以作為兩國早在我國後漢時即有相互交往的一項實物佐證。因為「金印」上面刻上「漢委（倭）奴國王」的字樣。根據專家學者的考證，那就是《後漢書．倭傳》上所記「建武中元二年，倭奴國王奉貢朝賀……光武賜以印綬」中的「印綬」。漢光武中元二年即公元五十七年，足資證明中日兩國的交往很早便已開始。換言之，即公元初年便有漢字傳至日本，由於日本並沒有本身的文字，估計當時中日兩國甚至朝日兩國的文書來往，所用的都是漢字，不過，當時草擬這些文書的，總有些是從中國來的「渡來人」、「歸化人」。

除了漢字的使用外，中國文化也相繼傳入日本，到了公元第七世紀，當中影響最大的是儒家思想。當時，自幼即學習佛教和儒家經典的聖德太子，為了推行朝政改革，在推古天皇十一年（公元六零三年）制定了《官位十二階》的官位制度，將儒家德目德、仁、禮、信、義、智各分大小組成十二位階，又以紫、青、赤、黃、白、黑各色按濃淡分別為冠，表示位階和朝中的席次。冠位不能世襲，要根據個人的功績和才能來升進，目的是打破世襲和門閥制度。這不僅以中國儒家思想為基礎，還取法於中國漢、晉以來的中央官僚制度。

另外，推古天皇十二年（公元六零四年）聖德太子又親自制定了《十七條憲法》，是其後「大化改新」和「律令制」的基礎，主要是依據中國的儒學政治理念，而作為對官吏的道德訓誡，也強調了天皇、官僚、人民之間的關係。所以說，「大化改新」，是個唐化運動，是日本立國的基礎。

推古天皇十五年（公元六零七年），日本向中國隋朝派遣國使，開始了正式邦交。然後到了九世紀末，日本國使的所謂遣隋使、遣唐使去了中國多次，他們有官員、僧人、學者、留學生等到中國來學習中國文化，當中有些甚至留在中國一段時間，以吸收先進的華夏文化，然後帶回日本去。比起以往，他們來得更為直接、深入，範圍也更廣闊。可以說，這時期的日本，在接受中國文化方面，也達到了空前未有的高度。而這個時候，日本人已漸漸廣泛地使用漢字，漢字也成了他們吸收知識的重要媒介。

另一方面，由於中日兩種語言無論語言系統、語法結構的分別都很大，他們對漢字的使用，自然跟我們有所不同，他們巧妙地將之變化以適合其需要。他們早期的和歌《萬葉集》其中不少作品即純粹使用漢字的音而不用其意義，就是將漢字作音符來應用，稱為「萬葉假名」，而一般音義都用的漢字就叫做「真名」。我們知道：漢字是形、音、義三者的給合體，原則上，一個漢字有其音，就必有其所代表的意義。所以，只用其音而不要其義，那可以説是日本人的創舉。其後經過省略、歸納和改進而成「平假名」和「片假名」。相傳平假名是由曾留學於唐的著名學問僧弘法大師空海（Kuukai）所創，用漢字的草體演變而成；片假名則由曾留學於唐而頗有名的吉備真備（Kibinomakibi）採用漢字正楷的偏旁或其中一部分整理而成。兩種假名作用稍異，但都是日語的發音工具，稱為五十音圖，是學習日語必須首要認識的發音字母。

其次，除了假名的創製外，日本人也利用我們漢字造字的方法，創製出其本身獨有漢字來，稱為「國字」或「和製漢字」。雖然都是漢字，但並非是我們熟悉和慣用的，形體看來有點陌生。另外，在傳統漢字之中，即使字形一樣，但意義的解釋卻跟我們不同，是日本人獨有的，那就稱為「國訓」，即他們獨有的訓釋之意。同時，日本人在使用我們的漢字時，為了書寫上的便捷，也往往減省其中的筆劃而成簡化字。這些日式簡化字，應用起來也非常方便。其中還有若干個在我國推行簡化字運動時被吸納過來，成為中日共同使用的新字形。

值得一提的是，日本對我國漢詩文的吸納比假名的創製和漢字的廣泛推行還要早，特別是漢詩的創作和編集。日本最早的漢詩總集《懷風藻》，編成於日本孝謙天皇天平勝寶三年（唐玄宗天寶十年），跟着而來編成於嵯峨、淳和兩位天皇的弘仁、天長年間的《敕撰三集》(包括《凌雲集》、《文章秀麗集》、《經國集》三本)，不但書名改得非常中國化，各集所收的內容也相當豐富。其後歷代的文人雅士都有漢詩的創作，表現也不錯。本來，儘管彼此語言結構分別很大，但寫漢詩時，他們都依足漢詩的規格來書寫，包括平仄、語調和典實的引用等，即使所詠是跟日本有關的事情，都一一要依照我們的規定。通常來說，只要作者是日本人，一般都將之放在日本文學之列，與和歌、連歌、俳句、狂歌等詩歌作品相同，放在一起。甚至到了「明治維新」時期，提倡「脱亞入歐」，主張全盤西化，廢棄舊學，中國古典詩歌，理應屬於舊學之列，應該被忽視，放棄才是，但卻相反，當時漢詩作者卻紛紛輩出，甚至有不少詩社的設立。他們寫來頭頭是道，像這本小書所舉的幾首例子，驟眼看來，都跟國人所作無異。

總之，通過對漢字的吸收和認識，日本人自古以來都可以大量吸收中國文化。由典章制度、宗教信仰、行為規範、社會習尚、工藝美術、醫療藥方、琴絃樂韻、房舍建築、器物製作以至日常生活細節等等，往往都讓人看到有中國文化的影子，或多或少都受到中國文化的影響。彼此關係的密切，就並非三言兩語可以説得清楚的。

很感謝中華書局副總編輯黎耀強先生，接納這本小書於該局出版，而執行編輯郭子晴小姐及其他同事的策劃與安排，特別是將個別的篇章視乎性質接近而分成若干個主題，並在有需要的篇章附以插圖，為平鋪直敍的文字增添些姿采。研究生區耀之君替我把刊載於報利上的文稿輸入電腦，並為文稿耐心地加以校對，所有這些，都是我要萬分感謝的！

這本小書的出版，承蒙香港藝術發展局出資贊助，特此致以最衷心的謝意！

目錄

隱意與明諷

正體與別調

唐寺遺風

書之道

詩選與武夫詩才

詩論與文化旅遊

音之美

聽得到的音樂，是聲音的表象部分，聽不到的才是音樂的本身。

循着這種思路，我們也可以說，上佳的音樂，不在樂「音」，

而在樂「境」。

生活的藝術

健行兄[1]在他為這一小欄寫的開場白中，說到「藝」可以跟全部生活有關係；而且認為：人們無不希望過美化的生活，生活中的大小事情，總要設法弄得舒適滿意；這些想法都是不錯的。不過，舒適滿意和美化的生活，如果徒然指的是客觀環境的裝飾點綴，外在條件的改善與充實，還不一定就是生活的藝術，至少，也不會是生活藝術的全部。

我認為：所謂生活的藝術，主要得從自我的心境上說。自我的心境能否接受的，或者賞心愉快的，才可以進一步談生活的藝術。你覺得把翫珍品，摩娑骨董，醉心文玩，欣賞盆栽，以至享受高級影音設備極視聽之娛，是樂在其中的，那固然可算是生活的藝術。然而，要是你的珍玩是巧取豪奪得來的；又或者你在欣賞心愛玩物之時，內心憂忡忡深恐別人窺見、覬覦、偷走；在這種心境之下，那又如何能有生活情趣之可言？更不能稱得上是生活的藝術了。

生活的藝術，最重要的是自我心境的安閒舒泰，精神上的清新歡暢，不必靠物質或外在性的條件為基礎。我們不妨以孔夫子為例做個說明。《論語》裏記載孔子有一次跟幾個學生閒談，各人都說了一番個人的抱負，大都抱有幹一番事業的理

1 鄺健行（1937-2023），香港著名學者，曾先後出任香港中文大學、浸會大學中文系教授，退休後並成為多間大學榮譽教授，作者的多年好友。

想，只有曾點的想法跟大夥兒不同。他只希望趁着暮春三月，天氣和暖，穿着薄衣，跟三五成年人和六七個小孩子，高高興興地在沂水旁邊洗洗澡，登上求雨的舞雩台壇上吹吹風，到了洗罷吹罷，然後一路唱着歌，一路輕快地走回家去。曾點初時也許覺得自己這種人生抱負跟其他同學的相去太遠了，吞吞吐吐地不敢說出來。哪知說了出來之後，卻極為老師所欣賞。孔子用讚歎的語氣說：「我願意跟隨曾點的想法！」孔子這種認同的態度，說明了他所追尋的正是那種無拘無束、自然而然、逍遙自在的生活。表面看來，這應該不是件困難的事情。但在現實生活中，大部分人都要終日營營役役，陷身於名利場之中，身心兩疲，稍為好些的，也往往身安而心不寧；要過一下簡單純樸的生活，有時也成了奢望。戚戚於貧賤，汲汲於富貴，又有甚麼生活藝術之可言呢？

心境

談生活的藝術，我們曾提過，認為最重要的是心境上的安閒舒泰，精神上的清新順暢，而並不光靠外在的、物質上的條件。孔子欣賞曾點「浴乎沂，風乎舞雩」那種自得其樂的人生理想，就是認同那種無拘無束、逍遙自在的心境和生活。不能順心適意地過活，那麼，即使居高官、享厚祿，或擁有豐裕的財富，也是徒然的。雖然怎樣才算是生活的藝術，會因人而異，各自要求不同。但自由自在，無牽無掛，應該是個起碼要求，卻是彼此一樣，古今皆同的。

事實上，對客觀事物的感受，也往往因主觀情意上的不同而有分別，陶淵明不肯為五斗米折腰，於是歸園田居去：「舟搖搖以輕颺，風飄飄而吹衣」，其實輕快的不是「舟」，飄然的也不是「風」，而全是他內心的心境。同樣，杜甫在痛苦離亂的生活過程中，忽然聽到官軍收復河南河北，然後可以說出「即從巴峽穿巫峽，便下襄陽向洛陽」的話來。這也不是從地理上去理解巴峽、巫峽是如何的接近，所以可以一「穿」而至；襄陽、洛陽交通是怎樣的方便，一「下」襄陽便可以「向」洛陽的問題。而其實都是他在官軍收復失地之後，自己可以「青春作伴好還鄉」那種輕鬆心境的反映。

相反，如果我們主觀的情意不同，也就會投射出不同的感受，江淹《別賦》中所描述的：「舟凝滯於水濱，車逶遲於山側，櫂容與而詎前，馬寒鳴而不息」，這些，全都是主觀凝重心情的反映。「櫂」不會容與而詎前，「馬」也不會寒鳴不息，只是別情愁緒引起的感覺而已。

所以，怎樣才是生活的藝術，同樣需要從心境上看。可以「賞心」才會有「樂事」！

「雲淡風輕近午天，傍花隨柳過前川，時人不識余心樂，將謂偷閒學少年。」

閒適、自然、真情趣，都可說是生活藝術的起點，能有這一首詩般的心境，則生活本身，其實也就是藝術。

至樂不樂

生活的藝術，的確該從心境上看。而心境的順適與否，又未必與物質條件連上關係。你可以因為坐擁巨資而歡愉喜悅，你亦可以家徒四壁而依然心安理得。這全在乎你個人對事物的看法和感受。不過，愈少靠外在物質與築建成的歡愉快樂，心態應該愈是安寧舒泰，其情趣也應該更為真切而久遠。「雲淡風輕」、「傍花隨柳」原本就是隨手可拾的景致，然而，它所反映出來的那種閒適、自然、沒有半點物累的心境和意趣，正好就是我們認為值得稱賞的所在。

我們一般所謂的生活素質，大抵多從物質條件上講，所謂生活素質改善，很大程度上都着眼衣、食、住、行等物質條件方面，如居住環境的裝飾點綴，家庭用品的是否現代化，以至出入代步用甚麼牌子的汽車等等，這在物質條件還不豐裕的社會裏，這些方面的要求原也是無可厚非的，但在物質條件已極度充裕，生活享受相當不錯的情況下，我們還極盡奢靡的能事，在所謂生活素質方面作無窮的徵逐，那麼，不但物質上的耗損驚人，而自己本身在長期物累之下，是否得到真正的快樂還成問題呢！《莊子 · 至樂》篇中，認為人之「所樂者，身安厚味美服好色音聲也」，而「所苦者，身不得安逸，口不得厚味，形不得美服，目不得好色，耳不得音聲」。人在追求這些「所樂」之事時，結果往往只能得來「所苦」。不但「所苦」，而且「大憂以懼」，戕害了身體。要絕對的身安逸樂，要耳目極視聽聲音之娛，那只能是永無休止的追趕，令人疲累的徵逐而已。所以莊子認為「至樂不樂」。

看來，似乎還是陶淵明能夠在現實的世間保持自己清明的心境，「結廬在人境，而無車馬喧，問君何能爾，心遠地自偏」，「心遠地自偏」，真是不容易達到的生活境界。昭明太子蕭統在《陶淵明傳》中曾說：「淵明不解音律，而蓄無絃琴一張。每酒適，輒撫弄以寄其意。」藉無絃琴而竟可撫弄以寄其意。這種生活藝術和境界，恐怕只有像陶淵明這樣的高人雅士才能達得到。

《老子》說：「大音希聲」，信乎其不謬也。

大音希聲

莊子指出人之「所樂」，在「身安厚味美服好色音聲」；而其「所苦」則在「身不得安逸，口不得厚味，形不得美服，目不得好色，耳不得音聲」。可見追求「至樂」，往往只能換來「所苦」，甚至「大憂以懼」，所以莊子認為「至樂不樂」。

至於老子，也清楚地指出：「五色令人目盲，五音令人耳聾」。就是說：如果我們只顧作無窮的徵逐，目迷五色，耳迷五音，便終會使耳目喪失本來的質性、自然的功能和作用。目盲耳聾，便是耳目喪失其本性的意思。韓非子解釋這兩句話時說：「視強則目不明，聽甚則耳不聰」。所謂「視強」、「聽甚」指的就是過分追逐聲色之娛。事實上，五色繽紛，不但可使人目盲，甚至可使人「心盲」；五音喧囂，不但可使人耳聾，也可以使人心靈閉塞不通。所以，欣賞五色、五音或其他甚麼生活藝術、生活享受也好，主要應在性靈之所養，情思之所寄，然後才不至於喪失了自己，喪失了本性。

對於音樂，老子不單認為「五音令人耳聾」，而且還進一步指出：「大音希聲」。所謂「大音」，就是合乎「大道」的「音樂」，也就是最完美、最理想的音樂。老子認為：這種音樂是要「希聲」的。所謂「希聲」並不是「希微細緻」的聲音，而是「聽不到的聲音」。老子本身已說明了甚麼是「希」：「聽之不聞，名曰希。」這種樂音，也許是有的，只是我們「聽之不聞」而已。老子的意思，大抵認為最完美、最理想的音樂，是合乎自然之「道」的音樂，不是靠五音組合而成的音樂，聽得到的音樂，是聲音的表象部分，聽不到的才是音樂的本身。循着這種思路，我們也可以說，上佳的音樂，不在樂「音」，而在樂「境」。音符組合的諧和，有時的確比不上無聲之美的意趣。「此時無聲勝有聲」，白居易所說的雖然只是從當時聽樂時的氣氛上講，而非自音樂的內容或表現力上說，但以「樂境」而言，心境而言，無聲之美有時的確比有聲之樂更令人陶醉。

陶淵明藉無弦琴以寄意，不會是貿貿然的！

知音

老子所説「大音希聲」的意思，大抵認為最完美、最理想的音樂，是要合乎自然之「道」的音樂，不是靠五音組合而成的音樂。因為聽得到的音樂，只是聲音的表象部分而已，聽不到的那種「聽之不聞」的「希音」才是音樂的本身，才是「大音」。

老子要説的，當然不是專談音樂上的問題。然而，循着他的思路，卻使我們可以體會到：上佳的音樂，不在樂「音」，而在樂「境」。我們不應只着眼於音符組合上的諧和，聲律配合上的調協，而還得認識到「大音希聲」那種無聲之美的境界和意趣。

無聲之美的境界和意趣究竟是怎麼樣的，恐怕會隨着各人的體會而有異，這還是得從個人的心境上説、性情上説的。因為沒有了聲音上的具象和表徵，顯然沒有了可循可沿的把柄，一般人是不易達到其中的境界和感受到其中的意趣的。

別説無聲之美，就是有「音」之「樂」，也不是那麼容易令人領會出其中妙處。有時，不管創作者是如何地嘔心瀝血、刻苦營謀，到頭來也許都免不了白費精神。所謂「知音難求」，《文心雕龍》是説得很清楚的：「知音其難哉！音實難知，知實難逢，逢其知音，千載其一乎……」，「音實難知」是認識問題，能力問題；「知實難逢」則是際遇問題、緣會問題。「音實難知」還有點努力可恃，「知實難逢」就只好委之於命運了。

古代最為人熟知的「知音」故事，當然莫過於伯牙和鍾子期之間的相識相知了。伯牙鼓琴，如果心裏想的是太山，鍾子期竟然可以知道而說：「善哉乎鼓琴，巍巍乎若太山！」伯牙心裏想的是流水，鍾子期竟然也可能聽得出而說：「善哉乎鼓琴，湯湯乎若流水！」其後鍾子期死去，伯牙也就終身不再鼓琴了。

伯牙其後終身不再鼓琴，我們自然感到惋惜。然而，他到底還是幸運的，要是在生命過程之中，根本從未出現過鍾子期，那豈不更為可哀？古往今來，真不知有多少個從未遇上鍾子期的伯牙，就是這樣籍籍無聞、鬱鬱以終而已！

幸運的伯牙

伯牙鼓琴，無論志在高山抑或志在流水，鍾子期都一一聽得出來，有這麼個「知音」，伯牙自然非常高興，所以，到鍾子期死去之後，伯牙也就索性連琴也不彈了。

鍾子期是怎樣聽得出伯牙心裏想法的，伯牙又是怎樣通過他的樂音來表達其心境和嚮往的，我們都不大清楚。但有一點卻是可以肯定的，伯牙必在不少人面前彈奏過，而又沒有多少人可以體會、理解他的心志所屬；或者不但不知道他的心志所在，甚至還可能理解錯誤，志在高山的給理解成志在流水，志在流水的給理解成志在高山，這不單教人困擾，還真可說是創作者的悲哀。伯牙想來必定有過類似的經驗，所以一遇上鍾子期才這麼高興，而鍾子期死後，他也沒興趣再鼓琴。為的是：再找另一個鍾子期，委實太不容易了。不過，若從另一個角度看，他鼓的琴到底曾經有人懂得欣賞，遇到過這個足以傳為美談的「知音」，可也該心滿意足，以後彈不彈奏，也許已沒有多大意義了。事實上，他也不必再期待其他聽他鼓琴的人，都聽得出他心意的。要是每個人都聽得出他是志在高山、志在流水，他又會覺得自己的琴音是太平凡了。「陽春白雪」，和者總不會數千。藝術，到底是有層次的，或者說，到底是有「階級」的！

不過，無論如何，伯牙還是幸運的，如果在他整個生命過程之中，就連一個鍾子期也從未出現過，那豈不是更為可哀？

這個「知音」的故事固然不會發生，就連伯牙是否懂彈琴也許亦不為後世所知。沒遇上鍾子期的伯牙，古往今來，的確不知凡幾，「逢其知音，千載其一乎？」伯牙到底還是幸運的！

我們知道：知音難求是兩方面的，一方面是「音實難知」，另一方面是「知實難逢」。我們說過：「知實難逢」是際遇問題、緣會問題，有其偶合性。「音實難知」則是認識問題，有其必然性。「知實難逢」我們無法掌握，「音實難知」則還有點準則。我們且看看另一個「知音」的故事。

濮上之音

我們說：「知實難逢」我們無法掌握，「音實難知」則還有點準則。因為那是客觀的知識問題、專業的認識和能力的問題。就是說：對音樂內容的了解問題。這種「音」也許還是有其可「知」之道的。我們試看看一個和這另一類的「知音」有關的故事。

這個故事頗長，記載在《韓非子》的〈十過〉之上，內容是這樣的：

衛靈公很喜歡音樂，有一次，他要到晉國去，當來到了濮水之上的時候，大抵已近黃昏，於是停車下馬，布置打點，準備在那裏度宿一宵。到了半夜，他忽然聽到了從甚麼地方傳來了一些新曲調，覺得很悅耳，自己很喜歡，於是派人去問他的左右侍從，有誰也聽到同樣的音樂，但回報的都說不曾聽到。於是他特別召來他的樂師師涓，把經過告訴他，並且說：「我聽到有人在彈奏新的樂調，但問過左右的人都說不曾聽到。我覺得那音調好像出自鬼神似的，你可否為我聽聽並把那音調摹寫譜下來呢？」師涓答應，於是到了夜裏之時，便靜坐在那裏，按着琴弦把聽到的音調一一記下摹寫出來。第二天上報衛靈公：「我已記下那音調了，但還不熟悉清楚，請讓我再多留一晚，以便把它熟習下來。」衛靈公自然答應。第二天，曲詞已熟習了，於是一夥便再出發，前往晉國。

到了晉國，晉平公特意前來接風，宴請衛靈公。酒酣之際，衛靈公高高興興地説：「我有一首新樂調，可以演奏給大家聽聽。」晉平公很贊成，於是衛靈公召師涓，讓他坐在晉平公的樂師師曠旁邊，然後撫琴彈奏那首他在濮水之上譜寫下來的樂曲。哪知彈了一半，樂曲還未完結，師曠就按着他的琴弦，不讓他彈下去，然後説：「這是亡國之音，切勿把它奏完！」晉平公問他是怎麼一回事，師曠説：「這是師延的作品，師延是商紂的樂師，是他為紂王寫作這些荒淫頽廢的靡靡之音的。及至武王伐紂，師延向東逃跑，去到濮水之上而投水自殺的。所以，聽聞這首樂調的，必定在濮水之上。喜歡聽這首樂曲的，他的國力必受到影響而削弱，這樣子的音樂，切勿把它奏完！」

但晉平公聽完後，卻説：「我喜歡的只是音樂而已，你還是讓他奏完吧！」於是師涓終於把那樂調奏完。

晉平公問師曠：「這是甚麼樂調？」師曠説：「這就是所謂清商了。」平公問：「清商就是最動聽的樂調了嗎？」師曠説：「還不如清徵呢！」平公問：「那麼，我可否聽聽清徵這樂調呢？」師曠説：「不可以，古時聽清徵的，都屬於有德有義的國君，但現在你德薄，還不應該聽的。」平公説：「我所喜歡的，只是音樂而已，我很想聽聽是怎樣的。」師曠不得已，只好授琴彈奏那清徵之曲。哪知初奏之下，便有十六隻玄黑的鶴鳥自南方飛來，群集於宮殿旁邊迴廊的門頂。再奏之後，牠們便排列成行。三奏之後，牠們就引頸鳴叫，展翼而舞。鳴聲不但有如美妙的樂調，而且其聲高吭，直聞於天。於是，晉平公非常高興，同座的人也為之雀躍不已。平公還特別提起酒杯向師曠勸飲。

勸飲一番，平公返回座位，再問師曠：「樂調最動聽的就是清徵了嗎？」師曠說：「還不如清角呢！」平公問：「那麼，我可否聽聽清角這樂調呢？」師曠說：「不可以。從前黃帝在泰山之上會合鬼神，駕着象車和六條蛟龍，相隨的，有木神畢方在兩旁，蚩尤作前導。風神替他掃清塵埃，雨師為他沖洗道路。還有虎狼和其他神靈分居前後，騰蛇偃伏於下，鳳凰群飛於上。在這樣子的情形下大會鬼神，然後作出這清角的樂調來。現在你還德薄，是不合聽到它的。聽到它，恐怕會出亂子呢！」平公說：「我已老了，所喜歡的只是音樂而已，希望可以聽到它。」師曠不得已，只好授琴而出，把樂調彈奏出來。

初奏之下，有黑雲自西北方湧起。再奏之下，大風颳起，大雨隨至；跟着，帷幕吹裂，器具跌破，廊瓦墜壞。坐着的人都四散而逃，平公非常驚懼，伏在廊屋之間不敢動。其後，晉國也就三年大旱，寸草不生，而平公也半身不遂，得了個癱瘓症。

這就是記載在《韓非子．十過》上一個有關聽樂的故事。

音樂之禍

《韓非子 · 十過》上所載一段濮上之音至晉平公聽樂的故事，把音樂的力量，真是說得神奇無比，極盡誇張之能事。因為師延替紂王作了些靡靡之音，商紂便因之而失國；這樣的音樂，即使幽幽地自濮水之上傳出的，若把它奏完，也可能招致禍殃，而晉平公只要聽了些自己的修養、或政治上的表現還未好到足以有資格去聽的音樂，就竟然令到「晉國大旱，赤地三年」，本身也得了個半身不遂的癱瘓症。音樂，真是多麼厲害、多麼可怕的事！至於其間說到了援琴而奏「清徵」，可引動玄鶴群集於廊門之上，延頸而鳴，舒翼而舞，且聲聞於天。而「清角」的創作，又是黃帝駕着象車六龍，諸神簇擁前後左右，加上風神雨師作前導，騰蛇偃伏地下，鳳凰群集於上，然後在泰山之上大會鬼神而作成的。可見音樂的演奏和創作，又是多麼神奇莫測、嚴肅莊重之事！

其實，韓非子要說這段故事的真正用意，不在音樂而在政治。他是把極度愛好音樂、沉迷其中作為十種過失（十過）之一來看待的。所謂十種過失，是指國君、大臣所犯十種在政治上足以招致「窮身」、「亡國」、「絕世」等禍患的過錯。所以，韓非子在說完那段有關聽樂的故事後，跟着便總結說：「不務聽治，而好五音不已，則窮身之事也。」就是說：沒有用心致力於國家的行政管理而只知沉迷於音樂之中，就會招致本身陷於絕境了！

把音樂説成足以破國亡身，興風作雨，固然是將音樂的力量給神奇化了、誇大化了，但「不務聽治，而好五音不已」，又的確值得視為失誤與過錯，並成為為政者或國家領導人時刻警惕之事。

事實上，雖然很難説喜好音樂便會直接令到家國破亡，但歷史上不少亡國之君，又的確是音樂的愛好者，卻是事實。前面提過的商紂固不必説，就是後世商女「隔江猶唱後庭花」所説的陳後主，「最是倉皇辭廟日，教坊猶奏別離歌」的李後主，以至「直把杭州作汴州」的南宋小朝廷，着迷於「聽戲」的慈禧老佛爺，或者雖非亡國，也被漁陽鼙鼓驚破「霓裳羽衣」的唐明皇，都是其例，韓非「十過」之説，的確並非毫無根據的。

直好世俗之樂

韓非子把過分喜愛音樂視為國君十種過失之一，並且在他所舉的事例中，將音樂的力量説得神奇無比，足以亡國，足以窮身。甚至在音樂的創作和演奏過程中，也可能驚鬼動神，興風作雨。把音樂説得那麼厲害，那麼可怕，他的目的，無非希望有國者好好地警惕，沉迷音樂會影響政治、招致亡國亡身之禍，從而勸國君應該將精神集中在國政之上，做好國家的管治工作。

事實上，韓非子所説的雖然有點誇張，予人以過甚其辭的感覺，但由於沉迷音樂而使國家破亡或國力變得衰弱，在中國歷史上卻是屢見不鮮的，所以，韓非子的説法，的確有一定的根據。理由其實也很簡單，終日只顧沉迷在音樂之上，精神自然鬆懈、散漫，缺乏了憂患意識，還哪裏會勵精圖治，奮發有為呢？荀子説：「今君人者，急逐樂而緩治國，豈不過甚矣哉？」又説：「闇君者，必將急逐樂而緩治國，故憂患不可勝校也，必至於身死國亡然後止也。」（俱見《荀子・王霸》）荀子所説的「急逐樂」的「樂」雖然並非專指音樂的樂而言，但音樂的樂是其中之一應該是毫無問題的。而他所要説的意思，其實跟韓非子正相類似。

究竟古代的國君是否特別喜歡音樂？又或許，先秦時候的音樂是否特別動人吸引，容易使人沉迷其中難以自拔？我們不易弄清楚，但先秦諸子在討論到音樂的時候，又往往喜歡把音樂跟政治連在一起來發揮，卻是事實。

我們雖然不大明白當時的音樂是怎樣的動聽，又是怎樣的使人着迷，但其時國君喜歡聽的，恐怕大都只是從音樂本身是否入耳中聽方面去着眼，而不管它所具有的政教上的含意。像衛靈公之喜愛濮上之音，晉平公的追求動聽的曲調，由清商、清徵而清角，都是以最動聽者為目標。另一個更顯明的例子是：孟子問齊宣王是否真有喜歡音樂這回事之時，齊宣王連面色也變得愧歉起來，很不好意思的説出自己所喜歡的不是先王的音樂，只是世俗的音樂而已。顯然，他認為孟子喜歡的定是先王之樂，而他心目中，先王之樂遠比不上「世俗之樂」的動聽，所以不得不有點歉意。

孔子的投入

孟子聽說齊宣王喜歡音樂，便認為齊國的政治合該有不錯的表現，於是趁着跟齊宣王見面的機會，當面問他是否真有喜歡音樂這回事。哪知齊宣王經此一問，竟然連臉色也轉變過來，表現得有點愧赧，然後說：「寡人非能好先王之樂也，直好世俗之樂耳。」大抵他心目中孟子所喜歡的，定必是先王的音樂，而自己之所好，只是「世俗之樂」而已，恐怕符合不了孟子的標準，所以才有這樣的表現。

齊宣王也算是個直率的人，他並沒有敷衍孟子，還是坦白把自己的喜好說出來。他也許以為孟子會跟着把先王之樂的好處，或者把世俗之樂之不應該聽或不適合國君聽的道理發揮一番，哪知孟子卻並沒有在音樂上表示些甚麼意見，反而發揮了一番「獨樂樂不如眾樂樂」的道理。就是說：作為國家的領導者，不管你喜歡些甚麼，只要一般老百姓也有機會享用，同樣可以喜歡你所喜歡的東西，大家的權利平等，也就無所謂甚麼先王之樂，世俗之樂，總該「與民同樂」就是。孟子說話的整個用心，可說都放在政治方面去，完全沒有接觸到音樂或音樂的內容上的問題。

孟子是否真的喜歡先王之樂，抑或希望別人喜歡先王之樂，在《孟子》書中，說的不多，但從其常常講述唐虞三代之德和主張實行先王之政的做法來看，那他重視先王之樂應該是順理成章的事情。至於先王之樂跟世俗之樂的內容是怎麼樣的，兩者之間又有甚麼分別，我們都不大容易知道。但從齊宣王的例子看，恐怕世俗之樂更入耳中聽，更為一般人所接受，應該比較接近事實。先王之樂大抵會是典雅的、嚴肅的、穩重的，沒有世俗之樂那麼豐富多姿。

孟子對先王之樂是否特別喜愛雖然書無明文，但孔子對先王之樂異常鍾愛卻是非常清楚的，他曾盛讚帝舜時的「韶樂」是盡善盡美的，周武王時的「武樂」是盡美而未盡善。他也曾在齊國因聽到「韶樂」而致「三月不知肉味」，從而讚歎:「真想不到音樂的美妙竟然可以達到這個地步！」可見他對先王之樂是多麼的欣賞、着迷與投入。

盡善盡美的韶樂

孔子對「先王之樂」的鍾愛，其中一個理由，可說是出於他較強的文化承傳意識和對典章制度持守着一種肯定態度的緣故。事實上，禮樂是儒家思想兩個重要的內容，凡不合禮制的事情，孔子大抵都會持反對的態度，特別對那些在封建禮制中具有一定地位，而又恣意破壞綱紀、做出些與本身身份、地位不相稱、不合配事情的，他都表示氣憤甚至強烈的不滿。像他批評「季氏八佾舞於庭」的做法便是個較為人所習知的例子。「八佾」原是天子的舞樂，連一般諸侯也不該用，如今，季桓子只是個大夫竟然用上這個舞制，在庭前表演，所以孔子便大感氣憤，認為是「是可忍也，孰不可忍也」的事情，另外，他也批評了當時魯國仲孫氏、叔孫氏、季孫氏三家大夫，在祭祀收結時竟用上了《雍》這首樂曲，認為全不合禮。因為《雍》原是歌頌周王室的樂曲（現在還存於《詩經．周頌》之中），是讚美周天子的，大夫用上了便是僭越。此外，孔子也曾親自動手，在從衛國返抵魯國之後，對當時的音樂做了一番整理、調正的工夫，使「雅、頌各得其所」。

從以上的例子，可知孔子除了對禮樂特別重視之外，對「先王之樂」也是相當用心的。因為他相信：音樂跟政教有莫大的關係。「先王之樂」的推行，大有利於國家的管治工作。當他的大弟子顏淵問他應該怎樣才可以治理好國家的時候，他就認為除了應該實行夏朝的曆法、乘坐殷朝的輅車、穿着周朝的冕服之外，還得「樂則韶舞」，就是說：音樂方面應該以「韶」、「舞」（武）兩個樂曲為標準。「韶」是帝舜時的樂曲，「舞」是周武王時的樂曲，都是孔子所欣賞的。尤其是「韶」，孔子更認為它「盡善盡美」。

把「韶」作為好好地治理邦國的憑藉之一，孔子的看法，當然認為它會對政治、教化都能產生良好的作用。「韶」的具體內容是怎樣的呢？我們自然不大清楚，照《尚書》的說法，「韶」是帝舜樂官夔所作的，當帝舜命令夔作樂的時候，的確含有政教上的目的，而並非要求他製作些只供日常欣賞、消遣之用的。同時，帝舜還給了他作樂時的一些「指導思想」做準則：「夔！命汝典樂，教冑子。直而溫，寬而栗，剛而無虐，簡而無傲。」（《尚書．舜典》）意思是說：夔啊！我現在任命你主持音樂事務，來教導青年人。要使他們正直而溫和，寬大和謹慎，剛直而不致暴烈，簡約而沒有傲慢。

可見當時帝舜對音樂製作的要求，的確含有政教上的目的。至於藝術上的表現和感染力方面，帝舜也毫不忽略，他接着便說：「詩言志，歌永言。聲依永，律和聲。八音克諧，無相奪倫，神人以和。」（同上）意思在說：詩是用來表達人們內心思想感情的，歌則在於把這些傳達思想感情的語言詠唱出來。發出來的聲音要根據詠唱的節奏，音律也就要和聲音配合。這樣，八種樂器都能夠和諧地演奏，不致於把次序弄得顛倒混亂，那就使神靈也好，一般人也好，聽來都感到舒服愉快。

夔聽到帝舜的訓示，也充滿信心地應命，表示自己可以敲擊石製的樂器，便會令百獸也感動得跳起舞來。

「韶」既是夔所作的樂曲，自然應該依照帝舜的訓示做準則，內容既能起政教的作用，藝術表現也應當盡量「八音克諧，無相奪倫」，務求加強藝術感染力。孔子說它「盡善」，當是指前者，即內容方面而言，説它「盡美」，無疑就是從藝術的角度去考慮了。

「韶」可以說是典型的「先王之樂」，孔子對之特別的鍾愛，除了說它「盡善盡美」之外，還有我們之前提及《論語》上的一段記載：「子在齊聞韶，三月不知肉味。曰：『不圖為樂之至於斯也！』」從這段記載，我們可以知道孔子對音樂，特別是「韶」這種「先王之樂」，是多麼的欣賞、着迷與投入。但有趣的是：為甚麼他要「在齊」聽到韶樂才弄致「三月不知肉味」呢？同樣是齊國，到了孟子之時，齊宣王卻直率地表示自己所好的是「世俗之樂」，而並非「先王之樂」，自然也不太喜歡「韶樂」了。

雅不如俗

孔子無疑是喜歡先王之樂的，特別是帝舜時的「韶」樂。他要稱譽之為「盡善盡美」，自然對它相當欣賞、喜愛，也應該對它相當熟悉，但為甚麼要「在齊聞韶」，然後達到「三月不知肉味」的境界呢？顯然除了「韶」本身是他所鍾愛的樂調外，「在齊」也該是個因素。是他久矣乎聽不到「韶」樂，忽然可以在齊國聽到，於是令他高興到如此地步呢？還是齊國人演奏的「韶」樂特別出色動人，以致他深受感動呢？我們不易知道，但無論如何，齊國人當時演奏「韶」這首「先王之樂」，水準應該不差，卻是可以肯定的。否則，如何可以使孔子聽了之後，會如此的投入，有這麼樣的反應呢？孔子本身既是個知樂的人，也常常寄情音樂，對先王之樂又是那麼鍾愛，則「韶」樂定必聽了多次，如今在齊所聽到的，竟然可以令他回味再三，整整三個月都對肉味的感覺麻木掉，可真不是件簡單的事，所以連他自己也有點想不通，禁不住迷惘地說：「不圖為樂之至於斯也！」

從孔子的這段記事看，則齊國人對「先王之樂」的喜愛與欣賞，應該是有其傳統的。而其演奏表現的出色，也應該是可以肯定的。但到了齊宣王之時，他卻表示自己並不喜歡這類音樂，只是「直好世俗之樂」而已。這種情形，假如不是齊國人在先王之樂的演奏水平方面大不如前的話，定必是當時的「世俗之樂」有了很大的發展，其入耳動聽程度已超過了「先王之樂」之故。齊宣王所說的，可說是純然出於個人的感受，是自音樂的藝術表現力和感染力方面着眼的，而並非從典章制度或傳統禮制的角度去考慮。然而，從「先王之樂」到「世俗之樂」，卻正好反映了中國音樂的發展過程。「先王之樂」可說就是後來所說的「雅樂」，「世俗之樂」可說就是後來所說的「俗樂」。無論先秦儒家怎樣努力維持「雅樂」，終究抵不住「俗樂」的發展，我們今天所說的「國樂」，其實雅樂的成分已經極少，反倒是「俗樂」甚至是非中土的音樂還佔多數哩！

在雅俗之間的齊樂

由於孔子「在齊」聞「韶」而致「三月不知肉味」，使我們聯想到齊國人當時演奏這首樂曲除了表現出色之外，他們對「先王之樂」的喜愛與欣賞，也應該是有其傳統的。事實上，就從《論語》所載的點滴材料，也可以令我們看到一些端倪。

除了「子在齊聞韶」這一段記載之外，《論語．微子》中約略地提到了魯國樂官「太師摯」走到齊國去謀發展的事情。原文不太詳細，只列舉了魯國一批樂官到處流失、散而之四方的情形。除了「摯」到了齊國之外，「干」到了楚國，「繚」到了蔡國，「缺」到了秦國，「方叔」到了黃河之濱，「武」到了江漢之涯，而「陽」、「襄」則到了海邊。這些，都是魯國著名的音樂家，而且還是各有專長的。這段記載，並沒有説明這些樂師何以要離開魯國，但一下子這麼多樂官四散而逃。正好反映了深受周文化薰陶的魯國那種禮樂崩壞的情景，這應該是魯哀公時候的事情。

在這批四散而逃的魯國樂師之中，最有名的應該是「太師摯」了。孔子曾經稱讚過他：「師摯之始，關雎之亂，洋洋乎盈耳哉！」以這樣一個具有地位的樂師而要走到齊國去，齊國亦能容納他，那麼齊國對傳統音樂的重視，應該是理所當然的事情。

另一方面，齊國在「世俗之樂」方面也並非要到齊宣王時才有發展，《論語．微子》中記：「齊人歸女樂，季桓子受之，三日不朝，孔子行。」季桓子是魯定公時的執政大夫，而魯國又深受周文化的洗禮，在禮樂未崩壞之前，無疑都重視傳統禮制，如今，齊國送來歌姬舞女之類的「女樂」，定然比「先王之樂」更豐富多姿，足以令人耳目極視聽之娛，於是，便引致季桓子只顧一時之樂，竟然連續三日也不過問政事，孔子看得不順眼，就憤憤然拂袖而去。可見齊國的「世俗之樂」，也確然有其引人入勝之處。

到了齊宣王，音樂的活動定然比前更活躍，「濫竽充數」就是發生在他那個時候的故事，而他本身的「直好世俗之樂」，也正好反映了「俗樂」一直有較大的發展。

孔子的音樂造詣

孔子因「在齊」聞韶而致「三月不知肉味」，我們認為這並不是偶然的，一方面固然因為「韶」既然是「盡善」而又「盡美」的，它本身已具有令孔子深為陶醉的地方。另一方面也因為當時「在齊」的演奏者也必有過人的出色表現。以孔子對這首樂調的稱頌和愛好，演出稍有差池，已足令他大為不滿。現在竟然可以使他回味無窮，對肉味的感覺麻木了三個月，那齊國音樂家當時演奏得深具水準，應該是毫無疑問的。此外，我們自然也不能不提到孔子自己對音樂的認識和修養問題，否則，要是孔子對音樂的認識只是泛泛之輩，他的欣賞力便成不了標準，「三月不知肉味」也就可能只緣於一時的意興、偶然的感動而已，沒有甚麼大不了。然而，孔子對音樂的造詣着實是相當高的。

説到孔子對音樂本身的認識和修養，我們可先看看他除了欣賞音樂或對音樂的理論性認識之外，是否也有實踐方面的工夫，例如樂器的彈奏方面。根據文獻上的記載，孔子懂得彈奏幾種樂器，首先是瑟。《論語・陽貨》篇載一個叫做孺悲的人要來見孔子，孔子託言有病不見他，待通傳的人剛要出門口，孔子馬上「取瑟而歌」，故意讓孺悲聽到。不管當時孔子為甚麼要這樣做，但隨手「取瑟而歌」，邊彈邊唱，可見他對瑟這種樂器是相當熟習的。不但他自己熟習，而且也用來教學生，學生如果學得不好，他便深表不滿，《論語・先進》記載了他對子路的斥責:「像子路這樣的鼓瑟工夫,怎可以列於我的門牆之下呢?」就為了孔子這一罵,其他門人竟因之而不大敬重子路,可見在孔門之中,對瑟的彈奏技巧是多麼的重視。此外,在《論語‧憲問》中記載了孔子是懂擊磬的;《禮記‧檀弓》中記載了孔子是能彈琴,會笙歌的。這些,都足以證明孔子在音樂實踐方面,有相當的造詣。

至於唱歌,孔子也相當喜歡,《論語‧述而》篇載:「子於是日哭,則不歌。」這裏的「哭」,指的是參加喪禮弔唁儀式。意思是說:孔子如果在那一天參加了喪葬之禮,那他就不會在這一天唱起歌來。換言之,我們可以從而推想出:在一般的日子裏,孔子大抵都會唱歌的。音樂,無疑已成了孔子日常生活的一部分。

生活之歌

我們說孔子是很懂音樂的，除了說他對音樂的欣賞和評鑑能力，對音樂的理論性認識以及對音樂在政教作用上的理解等方面的表現以外，還應該了解他在音樂實踐工夫上的造詣。在樂器方面，他至少懂得鼓瑟、擊磬、彈琴、奏笙。而且，從他對學生的態度來看，他對樂器彈奏能力的要求，是相當嚴格的。另一方面，孔子也很喜歡唱歌，並且把唱歌視為日常生活的一部分。上次我們曾引述過《論語》上載的兩句話：「子於是日哭，則不歌。」這段所記的，沒有上下文，就只得這兩句，但意思應該是簡單而清楚的：只要孔子在那一天參加了喪禮弔唁儀式，那他在那一天便不會唱起歌來。大抵因為參加了喪葬之禮或弔唁儀式，內心難過，不管是否真的曾哭出來，心裏還是哀傷悲悼的，自然不應該、也不可能有心情唱得出歌聲來。不過這兩句說話亦正好反證了孔子日常生活之中，要是沒有甚麼事做，他大抵每天都會詠唱哼歌的。

孔子每天詠唱的，究竟是甚麼歌曲呢？我們自然不容易知道，但應該不會都是「先王之樂」，卻是可以肯定的。相信日常詠唱的，都應該屬於輕鬆的、隨和的或與日常生活有關的樂曲。一方面固然因為孔子對禮樂或典章制度採保守的態度，「雅樂」的演奏，應該切合一定的場合和要求，不是隨便於日常生活中詠唱彈奏的。另一方面，孔子也是個重視生活質素、靈活得體而毫不僵化的人，所以，他日常詠唱的，定非「先王之樂」之類。試想：孔子所讚賞的曾點那種「浴乎沂，風乎舞雩，詠而歸」所「詠」的，怎會是「先王之樂」而非「生活的樂曲」呢？

《論語·述而》載：「子與人歌而善，必使反之，而後和之。」就是說：孔子跟別人一起唱歌而覺得別人唱得好的話，那他就必定請他重新再唱，然後自己跟着應和隨他而唱。這一方面表現了孔子虛心學習的態度，另一方面也反映了孔子對唱歌的投入。這些，大抵都屬於生活性的歌曲，而與「先王之樂」無關。此外，對於一般人的詠唱，只要他認為有意思，值得欣賞，他還是表現出一種熱切的追慕之情。像《論語·微子》中載有個楚國狂者接輿對孔子唱了這樣的一首歌曲：「鳳兮，鳳兮，何德之衰！往者不可諫，來者猶可追。已而，已而，今之從政者殆而！」孔子聽罷，便馬上下車，想跟這位歌者攀談，但這位歌者則急步而走，離他遠去，以致無法相談。不管這位歌者所唱的歌辭，是否對孔子有所譏諷，但孔子那種熱切地要跟這位歌者攀談的情況，顯然是重視世俗樂曲的表現。

孺子之歌

我們說孔子既重視傳統的、典雅的「先王之樂」，也喜歡在日常生活詠唱些「生活之歌」；對於別人的詠唱，只要他認為有意思，即使是世俗之樂，平常人的創作，他還是表現出熱切的欣賞追慕之情。可惜這方面的資料留下來的不多，否則，對於當世的音樂風尚或民歌內容，定然可以令我們有多些了解。接輿之歌，已是當時較少能留傳下來的例子了。

接輿，《論語》說他是「楚狂」，大抵是個來自楚國的狂士，是「接」孔子之「輿」的，應該不是個真實的名字。就像《論語》所載的晨門、丈人、沮、溺等人物，都是跟其事有關，而並非真人的名字。「晨門」就是早上看管城門的司門人，他曾批評孔子是個「知其不可而為之者」。「丈人」就是「荷蓧丈人」，是個挑着除草工具的老頭兒，他曾批評孔子是個「四體不動，五穀不分」的人。「沮」、「溺」即「長沮」、「桀溺」，大抵是個「津者」，他們認為孔子應該是個「知津」（曉得渡口在那裏）的人。批評孔子之徒在「滔滔者天下皆是」的情形下還去力求改革，不懂得跟隨「避世之士」去避世。這些，都是些有意遁隱的人，所以無法把他們的真實名字記錄下來。

接輿唱出了「鳳兮，鳳兮，何德之衰！」那首歌之後，便急步離開，孔子即使已馬上下車還來不及跟他攀談，也許那首歌正如李白所謂「我本楚狂人，鳳歌笑孔丘」，是有針對性、意在諷刺孔子的，孔子才表現得那麼熱切的要跟他攀談。孔子之重視世俗之樂，還是可以由此而反映出來的。

事實上，孔子固然重視「先王之樂」的政教作用，但在聽到些平常人詠唱的歌詞樂調之時，同樣會引發出他的聯想，興感出不少做人道理來。《孟子・離婁上》載：「有孺子歌曰：『滄浪之水清兮，可以濯我纓；滄浪之水濁兮，可以濯我足。』孔子曰：『小子聽之！清斯濯纓，濁斯濯足矣。自取之也。』」是的，水是清的便用來洗濯帽子的纓帶，水是渾濁的便只能用來洗腳，我們的人格是屬於「清水」抑或「濁水」，都是由自己去決定的呀。孔子連小孩子的歌唱也不忽略，亦可見其對世俗之樂之重視了。

水之喻

比起孟子的冷靜分析，孔子的觀水，似乎更洋溢着人生的意趣，更富於文學上的情調，也更具藝術上的色彩。

無論如何，面對着滔滔流水，的確可以給人們以無窮的啟發。

水的聯想

「孺子之歌」不見載於《論語》，卻因孟子的引述而給流傳下來。像「接輿之歌」一樣，成了少數能保留下來的民歌資料之一，多少可以讓我們了解一下當時某些民歌的面貌。另一方面，連小孩子也能有所創作詠唱，或許亦可從而反映出詠歌在當時是很普及的風尚。

「孺子之歌」的內容比較簡單，是小孩子因看到了「滄浪之水」而感發出來的歌唱。滄浪，有說是水名，有說是指青色的水，但關係並不大。小孩子看到了滄浪之水的流動，有清澈的，也有渾濁的；或者時而清澈的，時而混濁的，他便詠唱出：「滄浪之水清澈呀，可以用以洗我的帽纓！滄浪之水渾濁呀，可以用來洗我的腿腳！」他要説的，也許就是眼前的事實，也許有其他甚麼的寓意、想法，未必一如孔子的體會和解釋。孔子聽到這樣子的一首小孩歌曲而有所啟發，對他的學生説：「你們聽着，水清的話便用來洗帽纓；水濁了就用來洗腿腳，這都是由自己去決定、自己取用的呀！」那只是孔子的引伸。孔子的重點，在説明人格的是清或濁，操守的或高或低，都由人們自己去決定、自己取得的，與人無尤。這種引伸，可以看出孔子很善於聯想，而以之用來指導學生，也可以作為他在教育上善於「當機指點」的一個例子來看待。到了孟子引述這首「孺子之歌」之時，便是在孔子的體會和解釋之基礎上，再加以進一步的引伸：「夫人必自侮，然後人侮之，家必自毀，然後人毀之；國必自伐而後人伐之。」這就由水的清濁而聯繫到人格的清濁，再聯繫到個人的榮辱、家國的成毀興亡，這都是由聯想推衍而引伸出來的結果。其實，當孺子在創作詠唱他那首「滄浪之水」的歌兒時，恐怕是不曾想到這麼多的，他可能只是純然因觀水而興感而已。

的確，水是我們最容易接觸到的東西，跟我們的關係也很密切；而它的流動不居，又容易使我們產生各式各樣的聯想，給予我們種種不同的啟示。

觀水，本身便該是一種藝術！

觀水的藝術

一

孺子看到了滄浪之水有清有濁，於是想到了它的不同用處，作出了這樣的詠唱：「滄浪之水清兮，可以濯我纓；滄浪之水濁兮，可以濯我足！」給孔子聽了，從而聯想到水給人「濯纓」、「濯足」，都是「自取之也」，是主觀條件造成的。要是你本身是「清」的，便不致給人「濯足」了；你本身是「濁」的話，別人自然也不會用來「濯纓」了。由孔子這一引伸，孟子再進一步發揮了「人必自侮，然後人侮之」的道理來。

水，由於他的流動不居，的確容易引起我們各式各樣的聯想，給予我們種種不同的啟示。觀水，其中蘊含了不少智慧，本身便該是一種藝術。古代西方有位哲人，就是因為看到了河水的流動不居，因而說出了句充滿哲理的話：「人不能兩次站在同一條河上。」而同樣看到滾滾流動的河水，在我們東方的孔子，則發出了這樣的喟歎：「逝者如斯夫！不舍晝夜。」這真是典型的東西方不同的思理，西方式的，純從邏輯推理的角度去思考；而我們東方，就聯繫我們的個體生命去。在慨歎人生苦短：消逝的時光正像河水般的，無分日夜，不停地流去。這充分顯示了東西方對事物看法的兩種不同情調。

《孟子・離婁下》記載了孔子對水稱頌的兩句話：「水哉！水哉！」，由於不見於《論語》，究竟孔子的原意在說甚麼，我們已不太清楚。但這是當時有人拿來向孟子請教的，問孟子何以孔子要這樣熱切地稱頌水，究竟他認為水可取的地方在哪裏。所以我們才知道孔子對水曾經有過「水哉！水哉！」的讚歎。

對於這兩句重複的詠歎，孔子並沒有甚麼說明，令人沒法明白孔子究竟發出這詠歎的背景為何，也難以了解他有甚麼所指。若僅從語義上看，也許只是孔子在觀看着水流滔滔滾動之際而脫口說出的觀感和詠歎，未必一定別有所指。但無論如何，由這兩句重言複句所透出的熱切感情部分來看，那是孔子對水的稱頌，卻該是可以肯定的。《孟子》書中說這是「仲尼亟稱於水」的話，相信是符合事實的。

孔子本身雖然未對這兩句話有甚麼的說明，但孟子卻對水的可取之處作了解釋。孟子認為：「有本源的泉水不住地往前滾動，無分日夜，都要先把低窪下陷之處注滿之後，然後才繼續向前奔流，一直流到海裏去。有本源的便是如此，大抵孔子認為水之所以可取，便是這一點了。假如沒本沒源，即使在七八月雨季來臨之時雨水大量積集，連溝渠也填滿了，但很快仍然會乾涸掉。——所以名過其實，君子是引以為恥的。」這就是孟子觀水的體會：沒有豐厚的基礎，充實的本領，即使徒具虛名，也會因挹注不足而無以為繼，落得一時風光而已。

這是孟子的體會、引伸，未必是孔子的原意。

二

對於觀水，孟子的確有其本身的體會和方法，他曾經說：「觀水有術，必觀其瀾。」(《孟子·盡心上》)，為甚麼他認為觀水的方法要「必觀其瀾」呢？恐怕就因為波瀾的是否壯闊，正好反映水本身是否充盈豐沛，具有充實的流勢之故。所以他跟着說：「日月有明，容光必照焉；流水之為物也，不盈科不行。君子之志於道也，不成章不達。」意思明顯不過：日月是光輝明亮的話，那就連僅是容納一點點光線的小隙也可以照射入去；滾滾水流，要是不把低窪深陷之處灌注填滿，也就無法繼續前行。——我們在求道的進步過程中，要是不能完成一定的階段，自然也不會繼續有上達的可能。

孟子的觀水之術，是有一定的道理的。

然而，他所說的「觀」，並不是「觀賞」的觀，而該是「觀察」的觀。換言之，即孟子之意，不在從表面上去欣賞波瀾是如何起伏洶湧，流勢是如何的壯闊優美，而是要從波瀾去觀看水流的是否充盈豐沛，具有充實的流勢。有了充實的內涵，才能「盈科而後進」(《孟子·離婁下》)，注滿了低窪下陷之地然後可以繼續向前奔流。否則，便「不盈科不行」(《孟子·盡心上》)。由這一現象引伸，使孟子聯想到君子名實不副是可恥的；也聯想到在求學問道的過程中，一個階段未完成，是無法躐等而進、繼續上達的。可以說，孟子的觀水方法，是純然作思想上的分析，而並不在於觀賞其滔滔流勢的美感。當然，孟子主張「充實之謂美」，從觀看表面的波瀾以了解其內在的是否充實，那仍可算是美的追求，不過，那已是另一個層次。至少，他就不會對着滾滾而動的流水，發出像孔子般的詠歎。

孔子在川上，會發出這樣的感喟：「逝者如斯乎，不舍晝夜！」，對着滔滔流水，也會熱切地讚頌：「水哉！水哉！」，顯然的，孔子觀水的態度和取向，跟孟子便很有不同。孔子並不從思理上去分析，而較偏於由觀賞的角度出發，也灌注了較多的感情成分，並且聯繫現實，直接地道出了個人的感受。比起孟子的冷靜分析，孔子的觀水，似乎更洋溢着人生的意趣，更富於文學上的情調，也更具藝術上的色彩。

我們向來在習慣上總是孔孟連稱，那當然是指這兩位儒家大宗師的主要思想和主張而言。事實上，他們兩者之間，在很多方面仍然是各有特色的，對於觀水問題所採態度和取向上的不同，只是其中一例而已。

另一方面，孔子對於觀水，也並非純然是從觀賞的角度出發，說出他的觀感和印象、發出他的感喟或讚頌；他同樣曾經對水作過概括性的分析，把水的各種樣相跟儒家主張的善德比附起來，作了個很詳細的說明，不過，卻不見載於《論語》和《孟子》，要在《荀子》的〈宥坐〉篇中才有較清楚的引述和說明。

水集眾德

從《論語》、《孟子》兩書所載，我們可以看得到孔子、孟子在觀水態度和取向上的不同。孟子是把水的特性作思理上的分析、聯想，而並非觀賞它的波瀾起伏和流勢的壯美。孔子則直接而當下地就滾滾流逝的水流發出他的感喟、說出他的個人感受。二者之不同，孟子較偏重於智者的取向，而孔子則無疑較表現出仁者的格局。所以我們說孔子的觀水，比起孟子來說，似乎更洋溢着人生的意趣，更富於文學的情調，也更具有藝術上的色彩。無論如何，面對着滔滔流水，的確可以給人們以無窮的啟發。

事實上，就如我們提過的，孔子對於觀水也並非純然從觀賞的角度去說出他的觀感和印象、發出他的感喟或讚頌。他同樣曾經對水作過概括性的分析，把水的各種樣相跟儒家主張的善德比附起來。作了個詳細的說明。只是，這些說明卻不見在於《論》、《孟》二書而已。

孔子大抵是個很喜歡觀水的人，除了《論》、《孟》書外，其實《荀子》中也記載了孔子因觀水而發出對水的議論和作出了對水的分析。《荀子》的〈宥坐〉篇中載：孔子有一次正在觀看着滔滔向東滾動的流水，他的弟子子貢走來問他：「君子見到了大水必定要觀看，道理在哪裏呢？」經此一問，孔子竟然大大地發揮一番，說水集有眾德之長。他說：「這水呀，廣泛而周徧地潤澤眾生萬物而若無其事，不有其功，就像德操一樣；它的流動，總是向着低下走，彎彎直直的，都依循一定的條理，就好像正義一樣；它浩浩蕩蕩的，一直奔流不息，就好像永恆的大道一樣；如果把它決開流行，它隨即像聲音的迴響般疾速前進，奔向萬丈深谷而無所懼怕，就好像勇敢一樣；它流經阬坎的地方，必定先注入其間，然後使容量均平；再往前流過，就像重視均平的法度一樣；水流滿之後，也犯不着要用概木刮平而自然平伏，就好像正直一樣；它的本質柔弱，但能夠及至細微的所在，就好像明察一樣；萬物在水裏出來進去，都變得更為新鮮潔淨，就好像善於教化一樣；它不管怎樣千曲萬折，也必向東奔流，就好像有既定的志向目標一樣。——所以，君子見到大水，是必定要觀覽一番的。」

上善若水

孔子無疑是個很喜歡觀水的人，但對於他的觀水，《論語》只記載了他曾發出過「逝者如斯乎！不舍晝夜」的詠歎。到了《孟子》，孟子才為他解釋了水有甚麼可取的地方。而到了《荀子》，則更進一步詳述了他對水的看法，認為水集有眾德之長，把水的好處說得淋漓盡致，說它默默地潤澤萬物而不邀功，像「德操」；無論彎直，總循一定的條理向低處走，像「正義」；浩浩蕩蕩，奔流不息，像永恆「大道」；決開而流，即迅疾地奔向萬丈深谷而無所懼，像「勇敢」；流經坎阬，必先注入填平而後前行，像「公正」；水流滿之後而自然平伏，像「正直」；流經之地，細處不遺，像「明察」；萬物都會為水所清洗潔淨，像「善於教化」；千曲萬折，必向東流，像「志節」。這些理解，究竟真是孔子的看法，還是出於荀子的假託，我們難以說清楚，但有一點卻是可以肯定的：孔子的確很喜歡觀水，而且孔門之中也存在着這種印象。荀子說他「君子見大水必觀焉」，應該是實錄。

事實上，孔子是魯國人。齊魯之地，既有名山，亦多秀水，加上東面臨海，所以，他除了曾經「登東山而小魯，登泰山而小天下」（《孟子・盡心上》）之外，也一定經常可以看到大小不同的水流，欣賞過各種不同的流勢。他即可細看湲湲地流動的洙水、泗水，也可觀看滔滔而過的黃河，自然亦可以登臨高地、走到水邊，去觀看浩瀚的海洋，連孟子也有「觀於海者難為水」（同上）的體會，則「見大水必觀焉」的孔子，自然有豐富的觀水經驗和體會，對水有深刻的認識和聯想。所以《荀子》記述孔子對子貢所說有關水集眾德之長的話，應該也是可信的。

其實，說水有那麼多的好處，也並非孔子才如此，即在《老子》書中，也說得很清楚，老子認為：「上善若水」。意思是說：最高的善就像水一樣，為甚麼這樣說呢？因為「水善利萬物而不爭，處眾人之所惡」，即指出水善於幫助萬物而不跟萬物相爭，而它也可以處於一般人所不喜歡的地方。老子的體會，的確有點跟孔子是相通相近的。

百谷之王

我們説觀水是一種藝術，那不僅是因為水流的時而輕波細漾、時而洶湧澎湃所產生的諸般變化，能夠給我們以各種美的感受；而更在於水流於靈活多變之中，觸動了我們的靈感，引發起我們的思考，從而有所啟發、體會、聯想。古往今來，真不知有多少哲人、智者，都以水為喻，説出了令人回味再三的智慧語言，闡析了深刻而深奧的道理。

孔子「見大水必觀焉」，他肯定觀看過不少大大小小的水流，也欣賞過各種不同的流勢。因此，他除了對水曾經詠歎、讚頌之外，也把水跟道德比附起來，認為水集有眾德之長，説它像德操、像正義、像勇敢、像公正、像正直、像明察、像善於教化、像志節等等。在孔子眼中，水是美的，也是善的。

至於老子，他的觀水，又是另一類的典型，對於水的流勢，老子並沒有欣賞它的千姿萬態，也沒有描繪它的波瀾是如何壯闊優美；而是運用他的聰明睿智，把水的特性，加以觀察、加以歸納，然後再聯繫他的思想和主張，作出了適切的比喻。

老子認為「上善若水」，指出「水善利萬物而不爭，處眾人之惡」，如果我們要「上善」的話，那麼，我們居住得要像水那樣的擇地而處，存心要有水那樣淵深，交友要像水那樣相親，説話要像水那樣真誠，為政要像水那樣有條理，辦事要像水那樣能幹，行動要像水那樣適當。這樣，我們才能像水那樣與物無所爭。正因無所爭，自然也就不會犯過失。不單不會犯過失，而且，「夫唯不爭，故天下莫能與之爭」(《老子》)。

事實上，正如老子所說：「江海所以能為百谷王者，以其善下之，故能為百谷王。」大大小小的川流之所以最後流歸江海，即在於江海善處於川流之下的緣故。那些高高在上，自以為了不起的統治者，是永遠無法成為真正的「百谷之王」的，道理至為顯淺。

此外，老子認為「天下莫柔弱於水，而攻堅強者莫之能勝」，因而悟出「弱之勝強，柔之勝剛」的道理，這正是他善於觀水，因觀水而有得的反映。

觀水之作

孔子是個「見大水必觀焉」的人，孟子則是「觀海有術，必觀其瀾」，是個觀水很有心得的人。他們都直接提及「觀水」，也各有深刻的體會。至於老子，既沒有描繪各種水流的樣相和勢態，也沒有指出應該怎樣去觀水的方法，卻將其觀水心得反映到他的思想和主張上去。他認為「上善若水」，只有「上善」者才能與水相似。他指出水的特性有兩方面，一是「善利萬物而不爭」，二是「柔弱」。唯其「善利萬物而不爭」，「故天下莫能與之爭」，而善於處下的江海才能成為匯集眾川流的「百谷之王」。亦唯其「柔弱」，而且是「天下之至柔」，故能「無有入無間」，「攻堅強者莫之能勝」。老子這些聰明睿智的論斷，如果不是善於觀水，或並非因觀水而有得，着實不易達到。

另一個思想大家莊子，他的觀水，也跟老子相似，雖然沒有直接說出甚麼觀水的心得，但從其善於以水來比喻大道理的做法，仍可看出其心得所在。像他著名的《秋水》篇，便是假借河伯和北海若的口吻說出了他所主張「量無窮、時無止、分無常、始終無故」的道理。當中，像以「兩涘渚崖之間，不辯牛馬」來形容水勢的漲盈汗漫之類，正反映出他有豐厚的觀水經驗和心得。

莊子的形容其實已很有文學色彩，但到底還是思想家的語言，充滿了哲人的智慧和體會。但水的靈活多變，滾動滔滔，除了可以引發智者的思考和聯想之外，同樣也給與文學作家不少的靈感和寫作素材，使得文學作品中，也不乏對水稱賞和描寫的佳作。像枚乘的《七發》，便是其中值得一提之例。

枚乘是西漢人，他所作的《七發》，並非專門為了描寫觀水之作，而是以諷諭為主的作品。但在現存作品之中，它可說是第一篇較為細緻而具體地對觀水作出了生動描寫的。在篇章內，枚乘虛構了楚太子和一位吳客。他假設楚太子有疾，吳客前往探問，跟着便對談起來。吳客首先跟太子討論他的病源。然後用奇聲、奇味、騎射、遊宴、校獵、觀濤等六事以啟發太子，最後歸於「要言妙道」，以引導他歸向正道。

觀水與療疾

一

我們說枚乘的《七發》在「觀水」方面很有可觀，並非說它是專門為了描寫觀水或水流勢態的作品，而是因為它當中有一大段描寫「觀濤」，寫來細緻、具體而生動，是現存中國文學作品裏「觀水之作」的第一篇。而事實上，能把觀水寫得如此精采的，實在也不多見。

枚乘的《七發》其實是篇諷諭的作品，他虛構了楚太子和一位吳客，假設楚太子有疾，吳客前往探問，跟着便對談起來。吳客通過問答的方式，首先跟太子討論他的病源，然後再向他進說，目的就是要治療太子所患的疾病。全文的結構，即用七段話來提問、來作答，每段各有一個中心，但又層層鋪敍、發揮，最後一段然後提出解決問題的方法。這種形式是枚乘創造的，其後有不少人摹擬仿作，都以「七」甚麼的來命篇，於是「七」也就成了文學中的一種體裁。

究竟楚太子患的是甚麼病呢？照《七發》的描述，主要是精神萎靡、體質羸弱。而其原因，主要是由於當時「天下安寧，四宇和平」，年輕的太子以至一般的貴介王孫，他們大都養尊處優，身安逸樂。不但長久地沉湎於享樂之中，而且「日夜無極」，不知檢點，沒有節制，雖然年富力強，但終於不免「精神越渫（耗散），百病咸生」。

在描述太子的病源所在之時，枚乘說來詳盡而恰適，雖然他運用的文學語言特別豐腴，但所條陳的都是事實。而且不是太子孤立的病源，還是一般「貴人之子」所共有的普遍病因。他們之所以精神委靡、體質羸弱，歸納起來，原因有幾方面：一是備受呵護、內有保母、外有師傅的看顧，連結交同輩朋友的機會也沒有；二是物質條件過於豐裕，衣食住行等生活所資，得來毫不費勁，弄至生機萎縮，肢體癱瘓；三是縱情享樂，「越女侍前、齊姬奉後」，不但有傷血脈之和，且好比毒藥猛獸，令扁鵲、巫咸等名醫束手。

這樣子的疾病，要怎樣才可治好呢？枚乘提出了他的方法，而「觀水」的特殊作用亦因之而表現出來。

二

楚太子有疾，病況嚴重，而其致病原因，根源在於養尊處優，身安逸樂，不但物質條件豐裕，而且備受呵護，身體固然沒有鍛鍊，腦筋也顯得遲鈍起來。再加上縱情享樂，奢靡淫佚，終弄至生機萎縮，肢體癱瘓，神志昏亂。長此下去，性命也很快保不住。

針對這樣的病情，究竟應該怎樣去醫治呢？枚乘認為那是不合用上藥石針刺灸療之類的普通治療方法的。而該用「要言妙道」才可把它治癒。所謂「要言妙道」，其實就是要提昇太子的精神生活，提高他的認識面和人生的境界、層次，使不再沉湎於物質與糜爛的生活之中。所以，他認為首先應該找的，不是個普通的大夫，而是個「世之君子」，他「博見強識」，一有機會，便可以跟太子討論問題，改變其心意與想法，而又不離太子身邊，是個可以輔佐太子的人。這個人的作用，是使太子不致沉溺於逸樂之中，不致產生放蕩的意念。

跟着，枚乘舉出七件足以啟發太子的事情，目的就是用來祛除他的糜爛與腐朽，使他空虛的精神生活得以充實，這就是所謂的「七發」。而這七種方法，其實本身也可說是七個層次，亦即由物質生活逐步提昇，走向精神生活，最後以探求學術真理為歸宿。在這七個層次中，他先陳說了音樂、飲食、車馬、遊覽等四方面，他要為太子找天下「至悲」（最動聽）的音樂，「至美」的珍味，「至駿」的良馬，以及天下少有的「靡麗皓侈廣博」之遊觀，但都不能令太子有所振作。這些大抵還是跟物質生活比較接近的東西。只是追求當中更特出、更美妙、更珍異的而已，雖然特殊，但太子已對這類物質生活有點麻木，所以不會因此有令病況有起色。

跟着說及了田獵、觀濤之後，太子的病況才略見好轉。大概因為這些都離物質生活較遠，可以追求更主動、更豐富多姿的精神生活之故。尤其觀濤一段，枚乘特別着意去刻劃，寫來淋漓暢酣，充滿動感，也充滿生命力。這對於飽受了物質生活摧殘以至精神渙散、百病咸生的太子來說，這種來自大自然的動力與生命力，正是令他得到鼓舞的源泉，而「觀水」之於療疾，也確可以產生一定的作用。

三

枚乘假借吳客的口吻，為楚太子之類的貴介公子療疾，主要針對的，就是他們那種不事勞動、物質生活過分優遇所帶來的問題：精神委靡、身體羸弱。所以，枚乘要提高他們的精神生活，充實他們的思想。在經過多方「啟發」，還未能令太子完全振作之後，最後提出「要言妙道」，讓太子聽聽莊周、魏牟、楊朱、墨翟、便蜎、詹何等方術之士的理論。使他們「論天下之精微，理萬物之是非」，太子一聽之下，果然冒出汗來，所患之疾也跟着霍然而癒。對於這些「要言妙道」是怎樣可以治療太子的疾病，枚乘說得比較簡單。其實，他要作重點描述的，反而是提高太子精神生活的其他六個層次，特別是觀濤一節，不單刻劃細緻，寫來具體而生動，而且強調了它的療疾作用。觀濤是六個層次中最後一個，也該是枚乘心目中精神生活的最高境界之一。

枚乘是怎樣描述這觀水的過程和它所起的療疾作用的呢？

首先，他點出了觀濤的時節，那就是八月十五前後，是潮水盛漲的時候。那時候，即使未見江濤之形，只是「觀水力之所到」，已足令人感到震驚。水的流動，或者激越，或者動盪，或者結聚，或者沖洗，都給人以深刻的印象。到了江潮匯聚，水深浪闊，濤聲汩汩，茫茫汪洋，使人想見江濤之所自來；滾滾流過，極目無際，又不禁使人想見它將止於何處。

它是那麼的壯觀，又是那麼綿綿不盡，觀看過之後，不但令人內心印象深刻，而且，也令人神清氣爽，「澡溉胸中，灑練五臟」，像把心胸浸滌，把五臟清洗一樣，甚至連手足、頭髮、耳目以及身體一切污垢都可排除出去，這樣自然可以令人耳目一新，精神頓然改觀了。所以，他進一步說:「當是之時，雖有淹病滯疾，猶將伸傴、起躄、發瞽、披聾而觀望之也。況直眇小煩懣、酲醲病酒之徒哉！」意思是說：這時候，即使是久病而背曲、足跛、目盲、耳聾的人，也會力圖振作，要前去觀濤，何況是那些心煩、病酒之類小病的人哩！

觀水而可以治病如此，雖然只有枚乘聯想得到，但對於那些終日沉湎享樂，物累深重，以致生機委頓，暮氣沉沉的人來說，這的確是最好的靈方妙藥。

隱意與明諷

以自己一偏的理解去猜度別人的用心，尋繹文義中的隱意，
並且據之而處分、定罪和殺人，文禍之大，
有時真是遠出一般人料想之外。

燈謎漫談

一

農曆新年對於我們中國人來說，的確具有特殊意義，它的風俗和各種活動，不但充滿人情味，而且也很有文化氣息，就像細水長流，歷久不衰。所以，儘管我們日常生活、工作的行事日程，大都以新曆為依歸，但以過年這一重大節日來說，新曆年除了象徵式的休假之外，好像便沒有些值得一提的節日內容，遠不如農曆年的熱鬧。另一方面，也不管你身在何方，只要是有中國人聚居之處，人們還是把農曆年視為正式要「過」的「年」，主要的原因，就因為它有不可取代的內容，有其深厚的文化根源和傳統特色之故。

農曆新年的傳統風俗和喜慶行事的確是多姿多采的，除了家家戶戶的裝點粉飾與人們互相往來拜年問好等例行活動之外，有些深具文化特色的節目，雖然如今未必仍然很流行，但依然有一談的價值，猜燈謎可算是其中之一。

燈謎，顧名思義，就是貼在燈上讓人猜射的謎語，雖然從它隱意於文義之中這一特徵來說，它的起源可以遠溯至先秦兩漢，但將之稱為「燈謎」，並作為元宵佳節的主要文娛活動，應該由兩宋開始。事實上，兩宋之前，或稱「廋辭」，或名為「隱語」，其後才叫做「謎」，性質都是相同的。《文心雕龍》即有〈諧隱〉篇，其中便討論到「隱語」的名義和作用，至於南宋周密《齊東野語》提到「古之所謂庾辭，即今之隱語，而俗所謂謎」，明代郎瑛《七修類稿》所說「隱語化而為謎，至蘇黃而極盛」等，都清楚地說明了宋代在燈謎的發展史上，居於承先啟後的地位。而「謎」之與「燈」結合，也在兩宋時開始，我們看南宋孟元老所著《東京夢華錄》中〈元宵〉一條和周密《武林舊事》中〈元夕〉〈燈品〉等記載，就知道在新年的歡慶日子中，謎語已跟綵燈連在一起，並成為廣受群眾歡迎的文娛節目。

有人把書法、水墨畫、京劇、燈謎合稱中國藝術「四絕」，如果多了解一下燈謎的形制和性質，看來也不是毫無道理的。

二

燈謎，一般人大都視之為春節或其他喜慶節日時的助慶小玩意兒；或者視之為一種文字遊戲。不過，亦有人認為它是我國特有的一種藝術，甚至將之與書法、水墨畫、京劇連在一起，合稱中國藝術的「四絕」。事實上，這些看法都各有道理。自從宋人把這些過去稱為「廋辭」、「隱語」的謎語跟鬧元宵的綵燈結合、貼在燈上讓人猜射，它便變成了節日助慶的小玩藝，而且更逐漸普及化，不再是文人雅士的專利，普羅老百姓都可參加、賞翫。而謎製的內容自然也相應地雅俗兼備，範圍擴大了。所以，將之視為節日時的助慶小玩意或文娛活動之一，是有一定根據的。

另一方面，它基本上也可稱得上是一種文字遊戲，因為絕大部分的燈謎，謎面和謎底之間，都要靠某些文義上的聯繫，然後曲折地把意思隱藏在文義之中，讓人聯想、讓人猜射。利用漢字的特點，有時取它的相關的形，有時取它相關的音，有時取它一字、一詞多義的現象，巧妙地加以運用、配合而製作。所以，說它是一種文字遊戲，也基本上合乎事實。當然，即是一種文字遊戲，也有程度上的不同，可以淺至小孩能懂，也可以非常艱深，甚至包含經義典故，非有深厚的學養不能解。一般而言，文字知識愈豐富的，對燈謎的製作與猜射，都應該愈有把握。

至於有人把燈謎看成一種中國特有的藝術，甚至將之跟書法、水墨畫、戲曲連在一起合稱中國藝術「四絕」，表面看來，有點把一般人心目中屬於小道玩意的燈謎過分抬舉，但想深一層，也不無道理。因為它的主要特徵，就是要利用漢字的特點，然後隱意於文義之中，若我們的語文不是使用漢字漢語的話，絕大部分的燈謎都無法製作；而絕大部分的燈謎，也無法有效地翻譯成外語。所以，如果製作得巧妙貼切而又曲折傳神的，的確可稱得上是一種藝術，甚至是只有中國才有的一種藝術。稱之為「四絕」之一，大抵正是這個道理。

自兩宋以來，燈謎已深入民間，普受歡迎；並且宜雅宜俗，各體紛陳；其間定有不少精采佳構，可惜除了文人集子中偶有刊載之外，系統性的紀錄過少，遺珠之多，可想而知。

三

儘管有人把燈謎跟書法、水墨畫、京劇合稱中國藝術的「四絕」，但在一般人心目中，其重要性無法跟其他三者相比，大都還是只當它小道玩意而已。所以，很多燈謎的佳作，沒有加以好好的紀錄和整理，給流傳下來；而不少給流傳下來的佳作之中，又往往不知是誰人所作。事實上，一般文人雅士，對於燈謎，大都僅以餘力而為，而並非如詩文般那麼用心創作。當然，燈謎專著還是有的，但跟詩集、文集相比，自是不可同日而語。所以，我們能夠知道作者是誰的燈謎作品，除了專著之外，大部分都是見諸筆記、小說之中，在文集裏作為專篇來編列是比較少見的。

若以現存的作品而言，明清以前，為數並不太多；明清以來，燈謎的製作才特別豐富。這和燈謎本身的發展、演化固然有關，跟明清以來筆記、小說的興旺發達也不無關係。尤其是清代，像曹雪芹的《紅樓夢》、梁紹壬的《兩般秋雨庵隨筆》、李汝珍的《鏡花緣》、吳沃堯的《二十年目睹之怪現狀》等都載錄了不少出色的謎作，都很有賞覽的價值。

除了筆記、小說之外，文人的集子中也偶有謎製之作，像「何可廢也，以羊易之」這條著名的謎製，便最早見於明徐渭的《徐文長逸稿》，就是一例。徐渭是明末文學家，兼善書畫，這條燈謎是一個字謎，謎底並不太難，稍用點心思便可猜着。純從謎面的文字看，說的是「何」字中的「可」字「可廢也」，並且以「羊」來「易之」（替代它），於是，合起來便成為「佯」字。謎底雖不太難，但他值得玩味之處是借《孟子》

原文做謎面，而與《孟子》原意毫不相涉，卻是貼切異常，表面上看似無須創作，但其實是另一種創意。屬於只有「妙手」才能「偶得」之製。

正如我們先前曾經提過，燈謎之所以稱得上是中國富有特色的藝術，主要就是利用漢字的特點，容易曲折傳神、隱意於文義之中的關係。另一方面，也因為漢字結構的特殊性，而令字謎的製作特別豐富，這裏所舉，僅是萬千中之一例而言。

字謎

一

燈謎是一種富有中國特色的藝術、玩意，因為它的製作，絕大部分都得利用漢字的特點，借助漢字的同音異形、同形異音或同形異義、同義異形等現象使謎面和謎底作某種意義上的聯繫，並把要說的意思隱寓其中，讓人聯想，讓人猜射。另一方面，漢字字形結構的特殊性，也容易使漢字本身成為謎製的素材，事實上，字謎在眾多的燈謎之中，亦的確佔上了一定的分量，為數頗多。

字謎的製作，主要是運用字形的離合方式，除了「何可廢也，以羊易之」外，徐渭還有一字謎:「四山縱橫，兩日綢繆，富是他起腳，累是他起頭」，謎底同樣非常容易猜着，只是不如「何可」一謎全用《孟子》原文字句那麼暗合巧妙而已。另一方面，若純從謎面來看，它也頗有文采和表現一定的意趣，不過，其提示則略嫌過多，比較淺露了一些。這謎的謎底是射個「田」字，可說是不必多費心思便可猜着。它同樣利用了漢字字形上的離合結構，但卻不是四句拼合起來才成田字，而是每一句都跟田字有關；說的都是田字，合看起來則所表現的意思更為清楚而已。其中「四山縱橫，兩日綢繆」是田字本身的離合結構；「富是他起腳，累是他起頭」則用「富」、「累」兩字的離合結構以顯出「田」字來。而「富是他起腳」，可說有點一語相關的意味，因為「富」這個字本身的起腳固然是「田」字，而在當代的觀念中，生產農作的「田」也的確是「富」的起點和基礎，所以，亦稱得上是頗有意思之作。但以謎論謎，則是個較為淺易的字謎。

漢字的字形，一方面本身可能由幾個部件構合而成，而其本身可能也往往成為另些漢字結構的部件；於是，利用它當中的離離合合的關係，可以產生各式各樣的聯想，多姿多彩的表面意思，從而製作出貼切、巧妙而涵義豐富的字謎來。

二

由於漢字的字形結構，大都由幾個不同的部件組合而成，其間離離合合的關係，正好給字謎的製作創造了不少有利的條件，有時是把字形分拆、損益；有時則是把字形拼合、變換；讓人們去聯想、去猜測。當然，重要的是不是字形的如何分拆、拼合和重組，而是要構思一個貼切、巧妙的謎面，既生動、有趣而又曲折傳神、與謎底有一定的邏輯或意義上的聯繫，但又不致過於顯明淺露的，才是佳構。

上次提及明徐渭「四山縱橫，兩日綢繆，富是他起腳，累是他起頭」這個字謎，猜的是個「田」字，就是個充分利用字形的分拆、損益以見其隱意的例子。四句之中，說起來每句都跟田字有關，「四山縱橫」是說田字字形裏橫橫直直看來都像四個山字的模樣，「兩日綢繆」則是說田字字形像兩個日字連結而成的樣子。至於「富」字的腳、「累」字的頭都分別是「田」

字，說得就更是顯淺易明了。大抵作者比較着意的是謎面的文采和意趣，謎製的難度則沒有太大的顧及了。

明馮夢龍有一字謎與此是頗相像的：「三王是我兄，五帝是我弟，欲罷而不能，因非而得罪」，所猜的謎底是「四」字。同樣都並非用四句拼合起來以成一字，而是每一句都跟「四」字有關。「三王」、「五帝」是虛招，目的在表明「三」是「四」之兄，「五」是「四」之弟。「欲罷而不能」即「罷」字不要「能」字，「因非而得罪」即「四」字加上「非」字就得個「罪」字，也是利用漢字的離合損益關係來製謎，謎底亦不算太難，便可猜着。

利用漢字的離合損益關係來製謎也不一定很容易猜着的，像清人張起南「雲破月來花弄影」這一字謎便比較難了一些，要多用點心思才可猜着，它的謎底射的是個「能」字。「能」字的結構，由「厶」、「月」和兩個「匕」字湊合而成，「雲破」說的是「厶」字；「月來」說的是「月」字；而「花弄影」則說的是兩個「匕」字。謎面和謎底無疑相當貼切，而更難得的，則是謎製者巧妙地運用了宋人張先有名的詞句，亦可稱得上是妙手偶得之製。

三

以「雲破月來花弄影」射「能」字，謎面雖非創作，而是宋詞人張先《天仙子》詞的名句，但同樣有其創意在，可稱得上是妙手然後偶得之製。「能」字的字形結構，可分為「厶」、

「月」和兩個「匕」三部分。「雲破」說的是「厶」，因為「厶」字正好是「雲」字「破裂」開而殘留的部分。「月來」自然說的就是「月」，雖然「能」字中的「月」本來是個肉字，但作為楷書偏旁寫來已跟月亮的月無異，故以「月來」來說「月」這一部分，也正好貼切。至於以「花弄影」來說兩個「匕」字的部分，則要略花點心思，首先，「花弄影」所說的既是「花」自然就沒有了「艸」（草），「花」字沒有「艸」，便只餘下「化」，「化」的本來寫法就是「匕」，和「能」字的兩個「匕」字形正好相同，故可以互相比附。而兩個「匕」字的一前一後重疊，又正好如影隨形，與「弄影」之意相合。所以，用「雲破月來花弄影」這一詞作的名句來猜射「能」字，須要運用點聯想力，但卻是詩情洋溢，意趣盎然，即非創作而仍然不失為別具匠心的巧製。

提及「花弄影」，又不禁聯想到另一個跟「花」有關的字謎來，不過，這個字謎中的「花」字並非謎面，而是個謎底。《紅樓夢》第五十回載李綺所出的一個字謎，結果由寶琴猜着。這個字謎的謎面是個單一的「螢」字，謎底就是「花」字。為甚麼單一的「螢」字謎底會是「花」字呢？原來我們自古以來即有「腐草為螢」的說法，認為螢火蟲是由腐草變化而成的，所以，「螢」代表了草化之物，而「花」字拆開來，正好是「草」和「化」二字，因而以「螢」作謎面來猜射一字的話，謎底便該是「花」字了。

「雲破月來花弄影」和「螢」這兩個字謎同樣離不開一般字謎製作的慣常方式，就是利用漢字在字形上的離合損益來構思。不過，「螢」這一謎製主要還得靠會意才可引發人們的聯想，跟「雲破月來花弄影」又自有其不同的取向。要是以現代人的科學頭腦，沒有「腐草為螢」的觀念，就比較難以猜着那是草化之物而聯想起「花」字，甚至不會構思出這麼樣的字謎來。

字謎和離合詩

在談字謎的時候，我們曾經提及：字謎之所以在眾多的燈謎之中佔上了一定的分量，主要是由於漢字的字形結構特殊，大都由幾個不同的部件組合而成，其間離離合合的關係，使其本身易於成為謎製的素材，替字謎的製作創造了不少有利的條件。通過字形的分拆、損益或者併合、變換，就可構思出不少巧妙、傳神而又姿采豐富的字謎來。像我們所舉謎底分別是「佯」、「田」、「能」、「花」等字的字謎，可以說就是其例。

事實上，字謎還不是最早運用漢字的離合關係來創作的體裁，最早應該是詩，《文心雕龍·明詩》篇上說：「離合之發，則明於圖讖。」這裏的「離合」，指的就是一種詩體，是劉勰在總結各種詩體流變過程而說的一句話。他認為：「離合」這種詩體的創製，是受到圖讖、緯書之類寫法上的影響的。圖讖之類作品，往往利用漢字字形結構特徵，分合損益，作成韻語文章，然後隱意於文義之中。之所以如此，又往往含有政治的作用和目的。像黃叔琳注《文心雕龍》所引馬國翰《玉函山房輯佚書》中《孝經右契》這本緯書裏提及一塊黃玉上的刻文說：「寶文出，劉季握，卯金刀，在軫北。字禾子，天下服。」意思明顯不過，「卯金刀」指「劉」字，「字禾子」便是「季」字；目的在說：劉季一出，天下咸服。這就是利用漢字字形的分拆離合，以達致文義隱現、含有啟示作用的效果，以造成一般人相信的政治預言。

至於「離合」詩，雖然傳世不多，但亦是利用漢字字形的離合、分拆而構成的。《古文苑》上載有孔融的《離合作郡姓名字詩》，通篇四言，就是利用詩句以説出字的離合關係，隱藏「魯國孔融文舉」幾個字於詩句文義之中。像以「漁父屈節，水潛匿方」是説「漁」字「匿水」，即析出「魚」字來，「與時進止，出寺施張」是説「時」字出「寺」便析出「日」字來，然後「魚」、「日」二字相合，即成「魯」字；跟着，「呂公磯釣，闔口渭旁」是説「呂」字闔掉一口便得「口」字，「九域有聖，無土不王」是説「域」字無土便得「或」字，「口」、「或」相合，即成「國」字，其餘各句亦與此相仿。這種離合方式，無疑就是後來字謎製作的濫觴。

接着幾句是這樣的：「好是正直，女回於�；海外有截，隼逝鷹揚；六翮將奮，羽儀未彰；龍蛇之蟄，俾它可忘。」「好」字「女回」之後便餘「子」；「海外」兩句意義不明，但肯定指的是「乙」字；「翮」字「羽儀」不彰便餘「鬲」；「蛇」字忘了「它」字便成「虫」。跟着「子」、「乙」相併，「鬲」、「虫」相合，便成了「孔融」二字。

最後的幾句是這樣的：「玟璇隱耀，美玉韜光。無名無譽，放言深藏；按轡安行，誰謂路長。」「玟」隱去美玉便是「文」字；「譽」字放了「言」便成「與」；「按」字走掉了「安」便成「手」。「與」和「手」相併便成「擧」。於是，加上前面的「文」字，合起來就是「文擧」二字。

這樣子把文字離離合合，湊成了一首四言的「離合」詩，雖可算是巧製，但卻只有詩辭，而沒有動人的詩意，類似後來的字謎而已。

字謎、離合和隱語

「離合」詩的作品傳世者不多，孔融的《離合作郡姓名字詩》已經稱得上是典型的例子了。不過，它雖然是用心的巧製，但卻只有詩辭，而不見得有動人的詩意，亦沒有諷刺的意味隱寓其中。所以，《文心雕龍．明詩》篇裏提及所謂「離合之發，則明於圖讖」的說法，是指「離合」這種詩體受到的圖籙、讖緯之類那種不直接道白的方式影響，都在曲折地利用漢字字形結構上的離合關係把要說的話隱藏於文義之中，讓人猜測，但這可說是寫法技巧上的近似，卻不是寫作動機、寫作用意上的等同。

圖籙、讖緯之類的故意隱晦其詞，利用文字的析離組合以造成影射、暗示、傳遞深層意義的做法，大都在背後有其特殊的寫作動機，更往往含有政治的作用和目的。在文義隱現之間，製造啟示性的預言，使人易於相信在冥冥之中早有定數，是遲早必會應驗的符瑞。像我們所提過「寶文出，劉季握。卯金刀，在軫北。字禾子，天下服」那一則讖緯，其寫作動機和政治性的作用真是明顯不過。

但「離合」詩之製，若以孔融所做為例來說，則不見得有此動機和用意，只能稱得上跟後世字謎相像、偏向文字遊戲式的作品而已，甚至還夠不上稱之為隱語。照《文心雕龍．諧讔》篇上說：「讔者，隱也；遯辭以隱意，譎譬以指事也。」可知隱語之作，既在用辭上不能直接言明，故意隱藏深意於文義之中；又必得要曲折地做比喻，指向所要說的事情，讓人們自行去體會。之所以要如此，大都有其不能直說的苦衷，亦往往跟政治問題有關。像《史記．楚世家》記楚莊王「即位三年，不出號令，日夜為樂，令國中曰：有敢諫者死無赦。」這麼一來，有誰敢出言直諫呢？只有利用隱言隱語說出，或者才不至於獲罪罹咎而已。結果，有臣子伍舉，即以「有鳥止於阜，三年不飛不鳴」的隱語為諫，使莊王有所省悟，然後說出些自奮自勵的話：「三年不飛，飛將沖天；三年不鳴，鳴將驚人。」，假如這段記載是事實的話，那麼，楚莊王亦可算明斷寬容，不至於使「諫者死無赦」，而隱語之所以要「譎譬以指事」，政治上的壓力亦是主要的原因。

字謎、隱語和政治

《史記 · 楚世家》記載楚莊王即位了三年，不但在行政工作上沒有甚麼施為，日夜只顧享樂，還向國人發出了威嚇性的說話：誰敢勸諫的便死無赦。結果，他的臣子只能用「有鳥止於阜，三年不飛不鳴」為喻的隱語來進諫，而他聽罷也能猛然省悟，自奮自勵，很有自信的說：「三年不飛，飛將沖天；三年不鳴，鳴將驚人。」相類的故事，亦見載於《史記 · 滑稽列傳》，但卻成了淳于髡對齊威王所說的隱語。齊威王好為淫樂長夜之飲，以至百官荒亂，諸侯並侵，國勢危亡，他雖不像楚莊王般發出「死無赦」的威嚇，但左右還是不敢勸諫，只有淳于髡同樣用「國中有大鳥，止王之庭，三年不蜚又不鳴」為喻加以勸諫，威王聞罷，隨即振奮而起，說：「此鳥不飛則已，一飛沖天；不鳴則已，一鳴驚人。」跟着勵精圖治，令諸侯歸還侵地。楚莊王雖然曾作出威嚇，但也算寬容大量的了，否則，他的心胸稍為狹窄一點，自覺性稍為低一點，進諫者是隨時會有「死無赦」之虞的。而隱語之所以要「隱」，要「譎譬以指事」，自有其不得不爾的苦衷，力求迴避政治上的迫害往往是個主要的原因。

另一方面，隱意於文義之中，像字謎般利用文字的離合關係以造成影射、暗示、傳遞深層意義的做法，產生啟示性預言的效果，亦往往跟政治有關。圖籙、讖緯之類固是如此，一般隱語式的童謠、順口溜之類也是如此。相傳東漢末年董卓專權的年代，即有「千里草，何青青；十日卜，不得生」這一隱語式的童謠出現，以反映民眾對董卓殘暴專橫統治的憤慨，表達百姓對現實政治的極度不滿。這一童謠所採的方式，就是像字謎般把字形析離組合、隱意於文義之中，「千」、「里」併合成「重」，再加「艸」（草）於其上，便成「董」字。而「十日卜」合起來即成「卓」字，於是，整個意思便很清楚：不管你這「千里草」是如何的繁茂、猖狂，但大限將臨，預計不出十日之內，便不得不喪亡。當中，既包含了「董卓」一字，也説出了民眾的指控和逼切的期待。

這一字謎式的隱語童謠不見於正史的記載，可能是出於文人的創作，但以董卓當時殘暴、嚴苛的統治，人民沒有正常表達意見、反映現實的途徑，只能利用隱語童謠來宣洩不滿也是正常不過的事情。《後漢書．五行志》引注《風俗通》，即載錄了一首當時流傳於洛陽一帶的民謠《董逃歌》，便同樣説出了民眾對董卓政權的不滿，作出了他行將失敗逃竄的預言。

隱語和文禍

一

圖籙、讖緯之類的故意隱晦其詞，用以影射、暗示、傳遞某些預言性的訊息，其背後的寫作動機，往往含有政治的作用和目的。而隱語之所以要「遯辭以隱意、譎譬以指事」，刻意把深意隱藏於文義之中，曲折地利用比喻來指向所要說的事情，亦往往出於政治現實的需要，避免因直言而獲罪罹咎，遭受到政治上的迫害。事實上，遇到了心胸狹窄而又不那麼開明的國君，的確隨時會「有敢諫者死無赦」的。這是不得已的苦衷，也是關心國事者的悲哀。

然而，力圖避免遭受迫害並非就不致受到迫害，《詩・大序》所謂「主文而譎諫，言之者無罪，聞之者足以戒」只是個理想，聞之者戒不戒是另一個問題，但言之者往往因言而得罪，卻是司空見慣的事。或許我們中國人太相信文字的力量了，知識分子希望通過文辭隱語來勸諫、諷刺當權者，以求政治的清明；一般老百姓則意圖藉着隱語式的歌謠、順口溜之類以對殘暴的政權提出指控，宣洩怨憤，甚至希望它喪亡。而作為當權者，卻又會對這類文辭隱語特別敏感，提高警惕，甚至捕風捉影，橫生猜疑。尤其是那些殘民以逞的獨夫，心怯膽懦，深懼政權之不保，於是處處設防，大興文字冤獄。歷代文士因文而賈禍之事件，也就屢屢發生，真可說是史不絕書。當然，要是遇上恢宏大度之國君，「微言大義」式的隱語還可以產生點效果，否則就徒招殺身之禍而已。像對於「三年不飛不鳴」之鳥為喻的隱語，楚莊王答以「三年不飛，飛將沖天；三年不鳴，鳴將驚人」；齊威王答以「不飛則已，一飛沖天；不鳴則已，一鳴驚人」，都已成了後世傳為美談的例子。後世不少當權者，恐怕連這些起碼的量度和幽默感都付之闕如。不但聽不進耳，還往往用自己一偏的理解，去猜度別人的用心。一般而言，文網的疏密，跟其時政策上的良窳和政治上清明與否有莫大的關係。

以自己一偏的理解去猜度別人的用心，尋繹文義中的隱意，並且據之而處分、定罪和殺人，文禍之大，有時真是遠出一般人料想之外。

二

人們之所以要利用字謎、隱語之類曲折地表達跟政治有關的感受、意見或訴求，一方面固然因為要保持那種「主文而譎諫」、「溫柔敦厚」的「詩教」之旨；另一方面，也盡量避免因直言而召禍，遭受到政治上的迫害。而力圖避免獲罪罹咎，恐怕還是刻意要把深意隱藏於文義之中做法的主要原因。

但從當權統治者的角度來看，深層意義愈是隱曲的，他就是愈是不放心；影響的層面愈是深廣的，他就愈是驚懼。於是，對於這類文辭隱語會特別提高警覺，有時甚至捕風捉影，橫生猜疑，以一己的偏頗想法去猜度別人的用心，尋繹文義中的隱意，並且根據自己的理解，去處分、定罪和殺人。不慎而誤觸文網，那就真是後患無窮。一般而言，統治愈是嚴刻的，因文而賈禍的情況也愈形厲害。

事實上，所謂一己之偏，往往就是想法上的問題，未必真是原作者本來的用意。清代文字獄之盛，除了異族統治帶來的矛盾之外，帝王心胸的狹隘，手段之專橫和想法上的偏頗，也是主要的原因。像雍正在位時據說查嗣庭在所出試題中因有「維民所止」一句即發生的亂子，「維民所止」本來出自《大學》，原意沒有甚麼不妥，作為試題也該沒有甚麼問題，但照雍正的理解，認為「維」、「止」兩字正是「雍正」二字砍了頭的樣子，屬於大逆不道的做法。這是典型的以字形離合而構成字謎的思維方式，是否查氏原意，實在很難說。查氏別有《維止錄》一書，照雍正看來，也是反動之作，終而使之即便死後亦被戮屍梟首，還禍及兒子和家人。甚至書中引錄浙東某地諸家橋鎮關帝廟門上的一幅門聯「荒村古廟猶留漢，野店浮橋獨性諸」也被認為有問題，因為聯中的「漢」成為滿、漢的「漢」，而「諸」也被視為象徵明朝帝室姓氏的「朱」，其原作者亦因查嗣庭此案而受到株連。心胸狹隘的當權者那種深恐別人的喻意影射，又以一偏之見來測度別人的用心，並據之而懲處、「殺無赦」的做法，的確令人感到心寒。

因文而召禍，可說是史不絕書，只是到了清代更為慘烈而已。

文獄與文禍

要從文義中去尋繹隱意，猜度別人的用心，其實不是那麼容易的事，在理解上往往流於主觀、片面，造成偏差。尤其是遇上了心胸狹隘、態度專橫而又猜疑成性的當權者，只要他聯想稍一不確，就會變成文字冤獄。像「維民所止」一語，既出自《大學》也是道命意不錯的試題，卻偏偏便被理解成「雍正」二字砍了頭的樣子，便是個偏向主觀臆測的例子。但在高壓的統治者心中，是寧枉毋縱的，擬題者自然也就因之遭殃了。是否真有如此潛藏的動機，實在亦很難下結語。

當然，在異族加上高壓的統治之下，人們通過文辭隱意去表現民族意識或宣洩不滿情緒，也是絕對正常之事。只是有一代的當權者，視之為大逆不道，懲處得特別嚴苛、慘酷而已。像乾隆時徐述夔的《一杜樓詩集》，當中不少詩句，的確難以令人相信沒有隱意潛藏，如「大明天子重相見，且把壺兒擱半邊」，原是詠《正德杯》的，一語雙關，「大明天子」本來指的是杯，但亦可從字面意義去理解，而「壺兒」則與「胡兒」同音，正好隱含其反清復明思想。又如《鶴立雞群》的「明朝期振翮，一舉去清都」，「明朝」(早)可影射「明朝」(代)，「清都」可隱指「滿清之都」，用意都似乎相當明顯的。若斯之類，自然不能容於狹隘民族主義心態君臨天下的當權者，無怪乎作者徐述夔死後也得被戮屍梟首，並且禍延他人，株連甚廣了。

事實上，在文網細密、動輒得咎的年代，知識分子仍然風骨稜稜，通過文辭隱語去反映個人的信念，表達跟政治有關的意見、感受和訴求，自是非常難能可貴的事情，即使因之而獲罪罹咎，也毫無所懼，更顯出其高貴的情操所在。

另一方面，雖然文字之獄，在民族矛盾激化的清代顯得特別嚴重，但因文而召禍，卻是自古已然，幾乎無代無之，有些甚至是相當無辜的。像西漢楊惲的《報孫會宗書》，我們現在看來，其實沒有甚麼大不了，謀反之意也絕不明顯，但在漢宣帝當時，卻認為是大逆不道，判他腰斬，成了史上最早的文字冤獄之一。可見文禍之來，跟是否異族統治沒有必然關係。

文禍罪魁

從史書的記述和評價，漢宣帝「信賞必罰，綜核名實」，並非一個暴君，而且還稱得上是個頗為精明能幹的皇帝，《漢書》更特別稱讚他：「功光祖宗，業垂後嗣，可謂中興，侔德殷宗、周宣矣。」，就以對待楊惲來說，先前也曾「不忍加誅」，可見他不算是個刻薄寡恩之君。所以，對於楊惲因寫信給孫會宗而召禍，終受腰斬極刑，人們都希望得到個合理的解釋。有說他在信中所用的字眼出問題，有說他信中提及的一首小詩出亂子，但其實都並沒有個肯定的答案。事實上，儘管漢宣帝在歷史上的評價不壞，但因楊惲一案而開出了後世文字之獄大都株連甚廣的典型做法，卻造成了極為惡劣的先例。

若單從《報孫會宗書》的內容以至那首「田彼南山」小詩而言，其實都沒有大不了，既沒有謀反的意圖，也不算明目張膽，鼓吹大逆不道的事。楊惲之所以獲罪罹災，恐怕主要還是跟其性格、表現有關。根據史書所載，楊惲本身「輕財好義」，為官亦「廉潔無私」，有「公平」之譽。但他最大的問題，一是其作風誇矜，好表現自己的成就；二是好揭發別人的陰私，不能容忍他人的才具；所以與朝中權貴關係惡劣。加上他犯事之後，絕無悔意，既不服朝廷的處分，且一直不懂收歛，活躍異常。終於令到宣帝對之極度憎惡而招致殺身之禍。事實上，宣帝的器量，其實也是非常狹隘的，明知楊惲絕不會威脅其政權和地位，但同樣不能相容而要借口殺人，即使單就這種想法和做法來說，漢宣帝也開了個惡例，成為千古文獄、文禍的罪人。

當然，比起其後的文禍，特別是清代的文字之獄來說，漢宣帝也還算「小兒科」而已，清代文字獄規模之大，株連之廣，堪稱空前。而當中有不少還是捕風捉影、毫無真憑實據的冤獄枉案。文人士子，在高壓嚴酷的控制之下，亦只好盡量小心，避免誤觸文網，力求自保而已。於是，有清一代的文學作品，往往會令人聯想到政治上去，看看有甚麼潛藏喻意。不但單篇詩文令人有此想法，甚至整本作品也被認為有特別意圖，《紅樓夢》之被視為政治影射小說，正是在此背景之下而產生的。

詩禍之始

一

楊惲是西漢宣帝時人，家世顯赫，是宰相楊敞的兒子，史學家司馬遷的外孫。本來才具出眾，在朝廷上頗有名望，官位也不低。但因為個性耿直，好揭人陰私，以致受同僚的怨恨、排擠。曾先後兩次給人誣告，因而貶官、下獄，最後宣帝更在其家中搜出他寫給好友孫會宗的一封信，認為大逆不道，判處腰斬，成為史上最早的文字冤獄之一。

我們現在看到的《報孫會宗書》，雖然表現出胸懷不平，辭多怨懟，但只是反映其失意的心境，以及不肯向現實低頭的性格，卻看不出有甚麼大逆不道之處。究竟漢宣帝對這篇文章有甚麼特別的理解，抑或看到甚麼潛藏隱意，以致非處以腰斬之刑不可，實在不易明白。信中的說話像「少顯朝廷，一朝暗昧，語言見廢，內懷不服」之類，說得雖然較為直切坦率，但並不算太激烈，只是吐露真情而已，無論如何也罪不致於受刑如此。至於信中的其餘部分，也看不出有甚麼大逆不道的言論和意圖。不過，信中引錄楊惲自作的一首小詩，就被後世學者認為是他惹禍之源。

宋人羅大經在他的《鶴林玉露》中說「楊子幼以『南山種豆』之句殺其身，此詩禍之始也」。他不但認為楊惲所作的那首小詩惹來殺身之禍，而且更認為這是後世無數「詩禍」之始。我們先看看原詩是怎樣的：「田彼南山，蕪穢不治。種一頃豆，落而為萁。人生行樂耳，須富貴何時！」照楊惲自己的描述，是在農忙之餘，適逢祭日，與妻奴數人酣飲高歌之際而作成的，他感到興高采烈，異常得意：「是日也，拂衣而喜，奮袖低昂、頓足起舞，誠淫荒無度，不知其不可也。」不料真是一語成讖，要是楊惲果真因為這首小詩而被腰斬的話，那他的確是「不知其不可」了。

其實，這首詩跟後來陶淵明的「種豆南山下」近似，只是不及陶詩那麼具有一種純真的意趣而已，實在不必因此而遭殺身之禍。有人勉強解釋，說「蕪穢不治，喻朝廷荒亂也」；「落而為萁，喻賢人放棄也」；「須富貴何時，言國既無道，但當行樂，欲待富貴職位，亦何時也」。實在也只是揣測之辭，就詩論詩，看不出楊惲的原意，也未必是漢宣帝的理解。

二

楊惲寫了封信給其好友孫會宗，結果在其犯刑提審時給搜了出來，漢宣帝看了之後極為憤怒，認為大逆不道，處以腰斬之刑。但從信的內容看，卻不易看得出是那裏出了亂子，要令宣帝深惡痛絕，非處以極刑不可。因而使後人多所猜測，探究其中的原因所在。

有人認為是他文中引錄的一首小詩出了亂子，如宋羅大經就說楊惲是因「南山種豆」之句而殺其身的，並且認為那短短的幾句詩是後世「詩禍之始」，這點我們提過了。

也有人認為他文中所用的字眼有問題，如宋洪邁的《容齋隨筆》即有這樣的說法：「予熟味其詞，獨有『君父至尊親，送其終也，有時而既』，蓋宣帝惡其『君喪送終』之喻耳。」楊惲《報孫會宗書》的原文是這樣的：「夫人情所不能止者，聖人弗禁。故君父至尊親，送其終也，有時而既。臣之得罪已三年矣。田家作苦，幾時伏臘，烹羊炰羔，斗酒自勞。家本秦也，能為秦聲；婦趙女也，雅善鼓瑟；奴婢歌者數人；酒後耳熱，仰天拊缶而呼烏烏。其詩曰：田彼南山……」這段說話的意思，本來要向孫會宗說明：照古代禮制，即使為君父服喪，也以三年為限；過了三年，便可除喪，宴飲歌詠之樂，亦可不受限制。如今自己獲罪之後已有三年，就算如服喪般那麼要嚴守規限，找點歡樂也算不上是違背禮制了，何況農耕工作特別辛苦，所以逢年過節，也就會烹羊宴飲，自我慰勞一番。再加上自己能秦聲，妻子善鼓琴；於是就和家小既飲既宴，且歌且舞。

文意本來是很清楚的，其中雖有「君喪送終」之喻，器量狹隘的國君看了可能不太高興，但到底不至於要將之說成「大逆不道」，處以腰斬之刑。一般而言，若非有謀反意圖，是不必如此的。

所以，還是比較多的人認為亂子出在那首小詩上，不單認為當中的詩句有一定的喻意，甚至有人從漢代說解詩經的方法認為「南山」一詞用法不妥。因為「南山」一詞，詩經多用以比喻國君，說南山「蕪穢不治」，就隱含譏謗國君、諷刺朝廷之意。

三

楊惲《報孫會宗書》中那首「田彼南山，蕪穢不治；種一頃豆，落而為萁；人生行樂耳，須富貴何時」的小詩，人們多以為是他惹禍之源，除了詩句有一定喻意之外，「南山」一詞，有人亦認為很不妥，循着漢人注解《詩經》的思路，「南山」多用以比喻國君或地位顯赫之人，毛公更以「節彼南山」一詩，是為刺幽王而作;「信彼南山」一詩，也是刺幽王之作。現在這首「田彼南山」，也就難免令人聯想到是譏謗國君、諷刺朝廷的作品。「南山」是高山在南面，亦即「高山而在陽」，是為「人君之象」，既特有所指，其餘各句，便非有喻意不可了。唐代的顏師古注《漢書》時，就曾引張晏的話來解釋:「山高而在陽，人君之象也。蕪穢不治，言朝廷之荒亂也。一頃百畝，以喻百官也。言豆者，貞實之物，當在囷倉，零落在野，喻己見放棄也。萁曲而不直，言朝臣皆諂諛也。」這種接近穿鑿的解釋，要是漢宣帝果真是如此理解的話，那楊惲自然是犯了嚴重的誹謗朝廷之罪了。

不過，楊惲是陝西人，終南山也在陝西，則楊詩中的「田彼南山」，應該是實指其地，未必是在說「人君之象」。所以，楊氏之被腰斬，恐怕主要的還是禍根早種，由於好揭人陰私而積怨過多，並且在被免為庶人之後也不懂收斂，還「治產業，通賓客，有稱譽」，毫無悔咎之意，間中且表露對朝廷不滿之情，因而引起曾經對他「不忍加誅」的宣帝的極度憎惡，所謂看到了他給孫會宗那封信、或信中那首詩才動殺機，只是個藉口而已，並非惹禍之源。

至於漢宣帝，史書稱為「孝宣之治。信賞必罰，綜核名實，政事文學法理之士咸精其能」，是個不算太差的國君，但他對楊惲的處分，卻顯得特別嚴刻，因為除了把他腰斬外，還將其妻遠徙酒泉，又把跟他有關的親人和要好的朋友，或則免為庶人，或則免去官位，其中並包括了孫會宗在內。這種做法，已開了後世文字之獄大都株連甚廣的典型。稱其詩為「詩禍之始」，或許也不至於毫無道理吧！

書謎

一

不管楊惲是否真的因《報孫會宗書》或該書中那首「田彼南山」小詩而惹禍，但他這一起案，卻開出了後世不少文禍的先例。這不是説後世的文禍受到他這事件影響，而是説漢宣帝對他的懲處除了判之以極刑之外，還將其妻子流放絕域，親人和要好的朋友也得坐罪的這種做法，正是後世文字之獄大都株連甚廣的典型。説漢宣帝是文禍罪魁，相信不致遠離事實。

歷代文禍，雖然經常發生，可說史不絕書，但以規模之大，株連之廣，則有清一代的文字獄，即使不能説得是絕後，也堪稱之為空前。當然，由於改朝換代加上受到異族的統治，人們在清初通過文字來傳播反清復明的思想，原也是很正常之事。可是，清初諸帝對這類文字特別敏感，除了施用高壓手段以控制知識分子的思想外，還捕風捉影，橫生猜疑，製造了不少因文賈禍的冤獄。

文人士子，由於動輒得咎，只好盡量小心，希望所寫的作品不致誤觸文網，就算真有政治性的用心，也以婉曲的手法説出，以求自保。於是，有清一代的文學作品，往往令人多作聯想，看看有甚麼深意潛藏，不但單篇詩文令人有此想法，甚至整本作品也被認為有特別的喻意和意圖。像《紅樓夢》這本巨著，其寫作動機便引起了不少爭議，其中有以它是一本政治影射小說的說法，雖不為多數紅學家所認同，但在清初那種嚴苛的政治氣氛與大興文字獄的處境之下，說它含有政治性甚至影射成分，也不是毫無根據的。

蔡元培先生寫過一篇《石頭記索隱》，即認為《紅樓夢》是本「清康熙朝政治小說」，說「作者持民族主義甚摯，書中本事在弔明之亡，揭清之失，向尤於漢族名士仕清者，寓痛惜之意。當時既慮觸文網，又欲別開生面，特於本事以上加以數層障幂」，就是指出作者之故意迴避文禍而後創作的動機，認為書中人物、情節，大都有所影射。胡適先生其後寫了一篇《紅樓夢考證》，針對蔡先生而說他在猜「笨謎」。不過，如果蔡先生所猜的還有點根據的話，那麼，《紅樓夢》就真可說是字謎、詩謎、文謎以外的另一謎類──「書謎」了。

二

《紅樓夢》的確是一本非常獨特的曠世奇書，從小說主題、內容情節、成書版本、作者誰屬，以至脂批和其他評語等，幾乎無一不成問題，無一不涉及諸多的爭議。胡適之曾譏蔡元培所寫的《石頭記索隱》為「猜笨謎」，而他也寫下了影響深遠的巨著《紅樓夢考證》。但相關的問題並未因之而解決，看來這個「謎」還得要猜下去。而我們說《紅樓夢》是字謎、詩謎、文謎以外的另一謎類──書謎，也並非毫無道理的。

自清末以來，比較早研究這本書的是王國維先生，他所寫的《紅樓夢評論》，雖然偏重自純文學的角度來立論，而且引入了若干西方的文藝思潮來發揮，但他也曾這樣提及過：「苟知美術之大有造於人生，而《紅樓夢》自足為我國美術上之唯一大著述，則其作者之姓名與其著書之年月，固為唯一考證之題目。」王先生又認為作者之姓名與作書之年月，「其為讀此書者所當知，似更比主人公之姓名為尤要。顧無一人為之考證者，此則大不可解者也」，王先生甚至自認「遍考各書，未見曹雪芹何名」。想不到沒隔多久，胡適之就以深厚的功力，寫成了《考證》，不但一一解決了王先生的難題，而且開出了一條新的途徑，對曹氏的家世、生平以及成書的年代、版本等，都從徵實的角度和方法，巨細無遺地給考證出來，影響所及，其後所謂之「紅學」，有不少其實只是「曹學」而已。不過，胡先生之大有功於是書，應該是毫無疑問的。

然而，對《紅樓夢》這本書的主題，胡先生認為是作者自傳體的小說，是一部隱去真事的自敘，則仍然留下了不少有待解決的問題。是否完全跟政治無涉、與影射無關，至今還有不同的看法，書中的「甄士隱」即「真事隱」，「賈雨村」即「假語存」，是誰也同意的。但隱去的「真事」是甚麼，要留存「假語」的目的何在，看法就很不一致。而曹雪芹自題「滿紙荒唐言，一把辛酸淚，都云作者癡，誰解其中味？」，顯然是有深意寄寓其中，所以，胡氏《考證》一出，蔡元培還是堅持要猜自己的「笨謎」，而當今學者，亦不見得沒有跟他相呼應的主張。

三[1]

在早期的《紅樓夢》研究專著之中，王國維的《紅樓夢評論》、蔡元培的《石頭記索隱》和胡適之的《紅樓夢考證》分別代表了三種不同的取向和方法。王氏偏重從純文學的角度以論述《紅樓夢》的價值和成就；蔡氏環繞着《紅樓夢》內容本身以詮釋其主題隱喻和創作動機；胡氏則集中於《紅樓夢》作者、版本和其他相關問題力求做個客觀的論證。三者之中，自以胡氏的影響最為深遠，其後的所謂「紅學」，主要即由胡氏的取向與方法發展開來。近七十多年來「紅學」研究收穫豐碩，胡氏啟導之功，可説貢獻甚大。如今，對曹氏家世的考釋，除了書面文獻的記述以外，以及於其居處、碑銘等寶物，「紅學」幾已與「曹學」併合，跟當年王國維慨歎《紅樓夢》作者「顧無一人為之考證者，此則大不可解者也」相較，真不可同日而語。

胡適之先生雖然在《紅樓夢》的作者和版本方面做過了非常深厚的考證工夫，但他對於這本書主題思想和創作動機所下的論斷卻似乎仍有未完全令人信服的地方，胡先生認為《紅樓夢》是曹雪芹「將真事隱去」的自敍，「只是老老實實的描寫一個『坐吃山空』、『樹倒猢猻散』的自然趨勢。因為如此，所以《紅樓夢》是一部自然主義的傑作。」，他並且諷刺「那班猜謎的紅學大家不曉得《紅樓夢》的真價值正在這平淡無奇的自然主義的上面，所以他們偏要用盡心思去替《紅樓夢》加

1　本篇（三）之內容原刊於《香港聯合報》，1994 年 4 月 1 日。

上一層極不自然的解釋」。胡先生這個論斷似乎稍嫌片面了些。

事實上，《紅樓夢》的主題思想，仍然是頗有討論餘地的，大陸不少學者，固然不大贊成胡氏的看法，而認為這書是以賈、林的愛情婚姻悲劇為主線，並「通過四大家族的興亡，反映封建社會末世存在的階級鬥爭和統治階級的內部矛盾，展示了封建制度必然滅亡的歷史規律」。就是胡氏指為猜「笨謎」以其為政治影射小說的看法，蔡元培之後，仍然有人堅持，潘重規先生的《紅樓夢新解》，即一直如此主張，論證也有一定的根據，實在不應徒然譏之為「猜笨謎」而已的。

移文

我們說「隱語」就是「遁辭以隱意，譎譬以指事」(《文心雕龍》)，即是說，所謂「隱語」，就是「用躲閃的語言來隱藏真正的含意，以繞彎子的比方來暗指事情」。人們寫文章要苦心用隱語大多因為含有諷刺的成分，特別是針對有權勢者的譏諷，遇着心胸狹窄而多疑的在位者，往往會因此而惹禍。相反，有一種稱為「移文」的文體，既不必刻意隱藏其言，卻依然含諷刺的意味，卻不易因此而惹禍，主要是它沒有特定的寫作對象，而是泛指某類人物，寫來態度也明確，所以不易因此而以言入罪。

「移文」這種文體，根據《文心雕龍》的說法，屬於「檄移」類，對「移」有這樣的說法：「移者易也，移風易俗，令往而民隨之也。」並且認為：「檄移為用，事兼文武。其在金革，則逆黨用檄，順命資移。所以洗濯民心，堅同符契，意用小異而體義大同。」主要分別在於前者具軍事力量對付「逆黨」，後者則以「順命」者為對象。「移文」偏重說理責讓，歷代著名的作品非常少，漢代劉歆的《移書贈太常博士》已經是較為特殊的名篇了。

《北山移文》借「移文」之名，以斥責、諷刺那些假歸隱、真利祿，表面清高而實則庸俗的欺世盜名之輩。《北山移文》的作者是南朝的孔稚圭，他假借南京鍾山山靈的口吻，責讓那些先前要隱居不問世務，其後卻要熱衷朝廷的偽君子行徑。由於所用的是鍾山的口吻，所以罵起來分外痛快，很可賞詠。

本來，文章已說得很清楚，世界上應該有三類人，有些人是特別耿直、灑脱的；有些人則是挺立於凡眾之上，光芒輝耀到雲霞以外，把千金、萬乘都看不在眼，隨時可以放棄的；然而，還有一種人，卻是反覆無常，不能始終如一的，縱然暫時歸隱山林，但內心仍染着塵俗，先前表現貞潔，到頭來卻變得汙穢垢黑，這是多荒謬的一種人呢！

如今，世上偏偏有位周先生，可以説是個才智出眾的人，既有文采而又博學，既懂談玄理亦通歷史。然而，他卻學習了顏闔的藏匿東魯，效法南郭子綦的隱几而坐。像混入吹竽群中以充數的南郭處士般偷進來，儼然隱者似的戴着頭巾到北山去……誘惑了我的赤松丹桂，欺騙了我的煙雲林壑；假裝着江邊隱者的模樣，其實真心牽掛着的卻是高位厚爵。

當他最初來到的時候，聲勢迫人，似乎要推倒巢父、拉下許由，鄙薄諸子百家，蔑視王侯貴胄。風度情致之高，足以遮蔽天日；意態之嚴肅，又如同盈貫秋空的霸氣。有時讚歎幽人的永遠遁隱，有時又埋怨王孫們沒有遊跡山林；一方面談論佛經色即是空空即是色的道理，一方面又積極地在道家玄妙的哲理中去探索。——看來古代的務光也沒有資格和他相比，涓子亦不能跟他同列。

——這是他最高的修養了……。

然而，當皇帝的徵車一入山谷，詔書一到山坡，他馬上改變了：「形馳魄散，志變神動。」跟着便在座中眉美色舞，在席上高舉衣袖，得意洋洋。並且，更進而焚掉了用菱花裁成的服裝，撕毀了以荷花縫結的衣裳，露出了那副塵世面目和走向庸俗的情態。——令到這裏的「風雲悽其帶憤，石泉咽而下愴。望林巒而有失，顧草木而如喪。」

——其實，這種情態又豈只南朝如此。如今，不是更為寫實嗎？

正體與別調

「正體」，並不表示「正統」；「流調」，也絕非「異端」，只是在詩歌的發展史上，先有四言，後有五言而已。

「五言流調」解

《文心雕龍·明詩》在論述了一代詩風和代表作品之後，跟着說到了詩歌發展的史實，以及發展變化的規律。其中提到：「若夫四言正體，則雅潤為本；五言流調，則清麗居宗。華實異用，惟才所安，故平子得其雅，叔夜含其潤，茂先凝其清，景陽振其麗。兼善則子建仲宣，偏美則太沖公幹，然詩有恒裁，思無定位，隨性適分，鮮能圓通。」

這一段說話，明白地提出他理想中的詩歌風格：四言詩是應該雅潤的，五言詩則應該崇尚清麗。而能否達到這一理想的風格，則取決於作者本身的才性，他並且舉出了「雅潤」和「清麗」的代表性作家：張衡得其「雅」，嵇康含其「潤」，張華凝其「清」，張協振其「麗」。證明「隨性適分」，因才性而決定了詩歌的格調。

這段說話，南開大學羅宗強教授認為非常重要，非常具關鍵性，因為它反映了《文心雕龍》對於詩歌體式的看法，也反映了劉勰對詩歌的發展觀。不過對於這段話中「五言流調」這關鍵的一句，學術界卻產生了歧解，從而對劉勰的詩歌發展觀也作出了不同的解釋。為此羅教授寫了篇《釋「五言流調」》。

「五言流調」中的「流調」究竟指的是甚麼呢？牟世金譯作「常見格調」，周振甫譯作「流行格調」，王禮卿譯作「流麗之格調」，詹鍈譯作「流行的曲調」。這些，羅教授都認為並不正確。因為，「五言流調」是相對於「四言正體」來說的，自詞語之相對關係而言，「正」的對應詞是「變」、是「邪」、是「淫」、是「反」。而「流行」、「常見」等都不是「正」的對應詞。所以，四言是「正體」的話，則五言便應該是「別調」、「別體」，由四言流變而來的意思。這是羅教授在豐富的論證之中，最直接、最簡單的論據了。事實上，除了《明詩》之外，《章句》篇中也明言「至於詩頌大體，以四言為正」。是則「正體」之詩是「四言」的，則五言自是其流變之後而出現的「別體」了。

說「雅潤」

對於《文心雕龍·明詩》中「四言正體，則雅潤為本，五言流調，則清麗居宗。」幾句話的解釋，黃侃的《文心雕龍札記》曾引摯虞《文章流別論》的話：「雅音之韻，四言為正，其餘雖備曲折之體，而非音之正也。」則摯虞心目中的「正」，指的便是樂聲而言。而用摯虞這段話的意思來說明《明詩》的那幾句話，則「雅潤」和「清麗」就該指樂聲的風格特色了。

其實，「雅潤」和「清麗」是否只樂聲的風格特色，的確是一個問題，因為《明詩》篇中在論及張衡的詩作時，有所謂「至於張衡《怨篇》，清典可味；《仙詩緩歌》，雅有新聲。」這裏所說「雅有新聲」的「雅」，顯然跟樂聲有關。而這個「雅」，跟其後所提「平子得其雅」的「雅」，是否所指的都一樣呢？「平子」是張衡的別字，兩句話又同在《明詩》篇中出現，這是頗有可能的。

不過，我們知道，《文心雕龍》中對於文學理論的用語相當多，有時字面接近，所反映的概念也並不一樣，因此，「雅有新聲」的「雅」和「雅潤為本」的「雅」，在概念上其實並不相同。「雅潤為本」和「清麗居宗」的「雅潤」和「清麗」是兩個獨立的概念，其後雖然說「平子得其雅，叔夜含其潤，茂先凝其清，景陽振其麗」，但「雅」、「潤」、「清」、「麗」卻不是個別獨立的概念，說「平子得其雅」，只是說張衡所「偏美」的是「雅潤」中「雅」；嵇康所「偏美」的是「雅潤」中的「潤」而已。其餘「茂先」所凝的「清」，景陽所振的「麗」亦應作如是觀。所謂「詩有恒裁，思無定位，隨性適分，鮮能圓通」，正是此意。既然如此，「雅有新聲」的「雅」，自亦非「平子得其雅」的「雅」，其理甚明。《文心雕龍·誄碑》中稱美蔡邕的作品，謂「其綴采也雅而澤」。「雅而澤」，正是「典雅而豐潤」的意思。所以，「雅潤」所指的應該是情思、辭采上的典雅豐潤而言，而與樂聲無涉。

説「清麗」

正如「雅潤」説的是「典雅而豐潤」，指作品在情思、辭采上的典雅豐潤而言；「五言流調，則清麗居宗」的「清麗」，也該指作品在情思、辭采上的清暢、華麗而言，而與樂聲沒有太大的關係。

説「雅潤」是情思、辭采上的「典雅豐潤」，可引《文心雕龍．誄碑》中稱美蔡邕作品的話來做個證明，所謂「其綴采也雅而澤」，「雅而澤」不就是「典雅豐潤」的意思嗎？而其中説到了「綴采」，也分明在説辭藻上的採綴和運用，跟樂聲應該沒有甚麼關係。《誄碑》中説的雖然是另一種文體，但用來談詩仍應該是指情思和辭采而言的。

「雅潤」既與樂聲無涉，則「清麗」自然也不能自音樂上去理解，而是應該就情思、辭采上説。《明詩》在説到「五言流調，則清麗居宗」之後，跟着用了很具體的例子來説明：「茂先凝其清，景陽振其麗」。茂先就是張華，景陽就是張協。《文心雕龍．才略》稱「張華短章，奕奕清暢」，雖然説的不是他的詩作，但欣賞其作品之「清」，則是劉勰一貫的想法。不過，這個「清」，卻不是一般意義的「清」，而是跟「雅潤」一樣，是指「清麗」中「偏美」於「清」的意思。《詩品》中稱張華「其體華艷」，亦是指其情思、辭采而言，與「清麗」的想法是相通的。至於張協的詩，《明詩》説「景陽振其麗」，《詩品》則稱其「文體華淨」，又説其「風流調達，實曠代之高手，詞彩葱蒨，音韻鏗鏘」，說法跟《文心雕龍》所謂「清麗」中的「麗」一樣，都是指其情詞的秀美華麗而言的。

有謂「清麗」中的「清」指「情思格調的清麗、清虛而言」。指「情思格調的清麗」當然沒有甚麼問題，但「清虛」則恐怕難與「清麗」連在一起來說，因為「清虛」說的是境界上的問題，內容上的問題；既無關乎格調，也非辭采上的事情。將「清麗」中的「清」理解成「清虛」，顯然在概念上是難以令人接受的。

總之，「四言正體，則雅潤為本；五言流調，則清麗居宗」，都應該就詩的情思、辭采上來說，而與其樂聲無關。

談四言和五言之別

說過了「雅潤」和「清麗」的意義之後，我們回頭再看看《文心雕龍．明詩》篇中的那段話：「若夫四言正體，則雅潤為本；五言流調，則清麗居宗。華實異用，唯才所安。故平子得其雅，叔夜含其潤；茂先凝其清，景陽振其麗。兼善則子建仲宣，偏美則太沖公幹。然詩有恆裁，思無定位，隨性適分，鮮能圓通。」

這一段說話，我們可分幾個層次去了解，首先，「正體」之詩，是以「四言」為準的；「五言」則是「別體」、「別調」，是「四言的流變」。至少到了魏晉，人們還是有這種看法，《文選序》中所謂「自炎漢中葉，厥塗漸異，退傅有在鄒之作、降將著河梁之篇。四言五言，區以別矣。」不管其中「退傅」、「河梁」的說法是否正確，但重視詩歌流變的歷史承傳關係，重視四言、五言之間的區別，卻是當時人們的共同認識。而且，所謂「至於詩頌大體，以四言為正。」（《文心雕龍．章句》）普遍都以四言為詩的正體，也該是當時一致的看法。

以四言詩為「正體」，以五言詩為「流調」，只是說明了歷史的事實，卻沒有對五言詩有絲毫的貶損之意。《文心雕龍》中稱四言詩以「雅潤」為本，五言詩以「清麗」居宗，也只是就詩的情思格調上來說明兩者不同的要求，可以說，都是非常客觀的想法。「正體」，並不表示「正統」;「流調」，也絕非「異端」，只是在詩歌的發展史上，先有四言，後有五言而已。劉勰的說法，正在說明了兩者的風格特點，使無論作詩者、讀詩者，在四言、五言的選擇上，有一定的準則而已。

四言詩為甚麼以「雅潤為本」、五言詩又為甚麼以「清麗居宗」呢？這不但涉及到詩歌創作上的客觀準則問題，同時，也跟詩歌發展史中由四言演變為五言的問題有關。我們知道：中國詩歌的發展本於《詩經》。整部《詩經》，都以四言詩為骨幹，甚至可以說，《詩經》的年代即使有五言詩，也只偶然之作，或只是偶有五言之句，它的要求「雅潤」，應該是可以理解的。

唐寺遺風

鑑真發願東渡日本傳戒之時，他的眾多弟子，最初也不太積極，沒有誰料想到鑑真去志卻是那麼堅決的，他認為：「是為法事，何惜身命，諸人不去，唯我即去。」

五台遊

一

到了山西省省會太原，自然不能不一遊佛教聖地的五台山。

五台山在太原以北約二百三十多公里，從太原出發，汽車在起伏的黃土丘陵上奔馳，中間要經過陽曲、忻州、定襄、五台等幾個縣分，再沿着蜿蜒曲折的山路而上，然後才到達五台山中心的台懷鎮，前後需要用上六、七多個鐘頭的車程。以我們這些過慣城市生活的人來説，路程不可謂不遠了。

五台山，顧名思義，它分為東、西、南、北、中五個聳峙的山峰，由於各山的頂部略平，又沒有大樹，看起來就像堆疊起的台子似的，因稱之為五台山。在五峰之內，各山的山勢比較開闊，以致清風迴流，涼意沁人。即使時在盛夏，仍無炎暑熱氣，故又有「清涼山」之譽。在中國佛教史上，它與四川的峨眉山，安徽的九華山，浙江的普陀山，合稱四大名山。但若單從佛教的文物與寺院興築的淵源來説，它應該更值得我們重視。

台懷鎮地處五峰環抱之中，本身也在海拔千七米以上，五台山主要的寺院都集中在該鎮周圍。所以，一般所謂遊覽五台山，也大都集中在該鎮附近。事實上，那裏的顯通寺、塔院寺、萬佛閣、羅睺寺、廣宗寺、菩薩頂等，的確雄奇壯觀，各具特色；而且都稱得上是保存得較好的名剎古蹟。如今，隨着國內改革開放和旅遊事業的發展，這裏已經不再是佛門清靜地，而是旅遊的熱門去處了。

成了旅遊特點原本也非壞事，至少，讓專人去注意一下文物的保存，古蹟的復修，總比無人過問、一任荒廢，甚或肆意破壞來得好些。然而，當遊人眾多而雜沓，小販叫賣之聲又喧鬧不絕，再加上了不少廟宇已非僧人所居，則不但所謂「佛教聖地」受到了玷污，就是純以文物古蹟而言，也使人感到黯然失色。不過，亦因為一般人都集中在台懷鎮附近的寺廟遊覽，我反而可以較為寧靜的看看那地處略為偏遠的佛光寺。那是個很少遊人前往遊覽的寺院，然而，我卻認為：遊五台山而不到佛光寺，等於白遊。

二

來五台山遊覽，除了可以暫時滌除塵慮，一嘗清涼的山氣，一覽清幽的勝景以外，還抱着觀看文物古蹟的心情，想看看這個被譽為「佛教聖地」裏的寺廟建築。

如果單從能夠保存至今的寺廟數字來看，的確沒有令人有太大的失望。雖然跟全盛時期相比，寺廟的數目已大有不如，但歷劫之後，具有一定規模的廟宇還有不少，總算得上是難得的了。只是，在大力發展旅遊的同時，如何加強文物、古蹟、文化保護的意識，反倒是我們應該特別注意的事情。

首先，缺乏了較為清楚的說明和介紹。這裏的寺院，幾乎每一間都有本身的歷史和滄桑變化，但不是每個寺院都有相應的簡介，對於希望多些了解個別寺院背景知識的遊客來說，難以滿足他們的需要。其次，對文物古蹟的珍視不夠，像主管者的告示牌，往往鑲嵌在不該鑲嵌的地方，無知遊客對石像器物的隨意撫弄之類，都是常見的現象。加上旅遊旺季之時，遊人眾多，小販叫賣之聲不絕，更令人感到宗教氣氛的不足，文化意識的淡薄。其實，五台山的文物是非常豐富的，可觀的地方多的是。像地處較為偏遠的南禪寺和佛光寺，便都是個很值得一遊的地方。

普通所謂遊覽五台山，大都只集中在五峰環抱、位居「台內」腹地的台懷鎮附近，因為五台山大部分寺院都集中在該鎮周圍。南禪寺和佛光寺地處偏遠，屬於「台外」地區，而兩寺的鄰近又無其他寺院，所以，除非有特殊要求，否則，一般導遊是不會帶人到那裏觀覽的。我們由台懷鎮出發，還得另外花上數百元才能僱用一架小汽車載我們前往，而且還只能到了佛光寺，而不及到南禪寺去。但到了佛光寺，已足令人有「不虛此行」之感了。

佛光寺之所以特殊，是因為它跟南禪寺相同，兩寺都是我國目前現存最古老的木構建築物。以言年代，則南禪寺似乎還略早一些；以言規模，則佛光寺就該要居先了。

唐佛光寺

一

説國內在大力發展旅遊的同時須要注意加強文物、古蹟和文化意識倒是有感而發的，除了我們所提過對古蹟的説明不足和對文物的珍視不夠之外，一般導遊和旅遊團主辦者的處事態度也很有關係。要是他們把安排旅遊者的參觀項目僅僅視為例行的工作，則往往忽略了旅遊者的特殊需要或故意略去了較不方便但卻重要的旅遊點，他們也許沒有想到：「到此一遊」的可能是多年只得一度甚或是一生人就僅此一次而已。像我們這次五台山之遊，主其事者雖有意側重文化之旅，但亦只安排到最熱門旅遊點所在的寺院參觀，地處於稍遠的南禪寺和佛光寺即不在其列，幸好同行而來自美國明尼蘇達大學的劉教授堅持非到佛光寺一遊不可，主其事者才替我們僱來小汽車，由我們自付車資前去。

到五台山而不一遊佛光寺，的確是一大損失。因為它的大佛殿建造於唐宣宗大中一年（公元八五七年），是我國現存最古老的木構建築物之一。我們想要看看唐代木構建築物的規格，除了附近的南禪寺和日本奈良的唐招提寺外，就只有佛光寺了，可見其歷史文物價值之高。然而，發現佛光寺是唐代遺留下來的建築物的，卻還只是數十年前的事。原來有此發現者正是我國著名的建築學者梁思成先生。

梁思成先生就是鼎鼎大名的梁啟超先生的兒子。他在一九三七年的時候，因為從敦煌石窟的第六十一窟表現唐代寺廟建築規模的五台山圖中看到了有「大佛光之寺」的模樣，於是特意前來考察。照他自己的記述，他一向抱着國內殿宇之中必定有唐構建築的信念，終於要來到佛光寺之後才得到證實。他當時與隨從騎着馱騾入山，在陡峻的山路上迂迴地走，要歷經不少崎嶇危險才能到達該寺。當然，不管怎樣艱辛，只要他堅持信念，一旦有所發現，他還是咨嗟驚喜，大受鼓舞的。

關於梁思成先生發現佛光寺是唐構建築物的經過，的確頗為有趣，我們不妨摘引他當時所寫的一些記述，以了解一下其間的過程。

> 「……旅途十分僻靜、風景很幽麗。到了黃昏時分，我們到達豆村附近的佛光真容禪寺，瞻仰大殿，咨嗟驚喜，我們一向所抱着的國內殿宇還必有唐構的信念，一旦在此得到一個證實了。」
>
> 「正殿的結構既然是珍貴異常，我們開始測繪就惟恐有遺漏或錯失處。我們工作開始的時候，因為木料上有新塗的土朱，沒有看見樑底下有字，所以焦灼地想知道它的確實建造年代。通常殿宇的建造年月，多寫在脊檁上，這座殿因為有『平闇』頂板，樑架上部結構都被頂板隱藏，斜坡殿頂的下面，有如空閣，黑暗無光，只靠經由檐下空隙，攀爬進去。上面積存的塵土有幾寸厚，踩上去像棉花一樣。我們用手電探視，看見檁條已被蝙蝠盤踞。千百成群地聚擠在上面，無法驅除。脊檁上有

無題字，還是無法知道，令人失望。我們繼續探視，忽然看見梁架上都有古法的『叉手』的做法，是國內木構中的孤例。這樣的意外，又使我們驚喜，如獲至寶，鼓舞了我們。」

「我們工作了幾天，才看見殿內樑底隱約有墨跡，且有字的左右共四樑，但字跡被土朱所掩蓋。樑底離地兩丈多高，光線又不足，各樑的文字，頗難確辨……獨見『女弟子寧公遇』之名，深怕有誤，又詳細檢查階前經幢上的姓名。幢上除有官職者外，果然也有『女弟子寧公遇』者，稱為『佛殿主』，名列在諸尼之前。『佛殿主』之名既然寫在樑上，又刻在幢上，則幢之建造應當是與殿同時的。即使不是同年興工，幢之建立要亦在殿完工的時候。殿的年代因此就可以推出了。幢是唐大中十一年建立的。殿的建立也就是在這個時候了。」

就這樣，多少年來被人忽略了的佛光寺原來是唐代木構建築，才重新為人所知。至於文中提到的「寧公遇」之名，則是當時在長安的一位女居士，是她捐貲興建那佛殿的。

二

從著名建築學者梁思成先生的記述中，我們了解到他是怎樣發現佛光寺的大殿原是唐代木構建築物的。經過了他的一番努力，做調查、研究和考證工夫，終於使這隱晦多年的情況廣為人知，而佛光寺的規模和歷史價值、文物意義亦逐漸的受人注意。如今，它因此而得到了比較妥善的照顧，成為全國重點的文物保護單位，在保存古蹟的角度來説，梁先生可説是居功至偉的。

說佛光寺是唐代建築主要是指它遺留下來的大殿而言，並非說它始建於唐代。事實上，佛光寺最初創建於南北朝時的北魏孝文帝時代（即公元四七一年至四九九年間）。據說，北魏孝文帝曾往五台山朝拜，一天到了南台之頂，正當暮色蒼茫之際，忽見峰西那邊放光，照徹虛空，孝文帝認為是文殊菩薩顯靈之象，於是便在那裏興建一寺，並命名為佛光寺，這就是該寺得名的由來。

北魏孝文帝是歷史上著名積極主張漢化的鮮卑人皇帝。至於「文殊」，則是梵文 Manjusri 音譯「文殊師利」的省稱，意思是「妙吉祥」、「妙德」等，為佛教一位菩薩的名號。五台山被視為文殊菩薩的修道場，也是中國四大名山中四大菩薩之首。現在的五台山各大寺廟，幾乎都有供奉其塑像的。其中最典型的是他騎着獅子（即古稱之為狻猊的猛獸）模樣的泥塑像。

佛光寺雖創建於北魏時期，但以規模論，則到了中唐之時才最為可觀、最為宏大。但它在唐武宗會昌五年（公元八四五年）激烈的「滅佛」事件中曾受到嚴重破壞，寺院幾乎蕩然無存。幸而到了唐宣宗大中年間（即公元八四七年至八六〇年間）佛教再度興盛，佛光寺才得以重建。在梁思成先生記述中提及的當時長安一位名為「寧公遇」的女施主，即在大中十一年捐貲重建，於原為彌勒大佛殿廢墟上建起了東大殿。其後經歷宋、金、明、清四朝的維修，得以保存至今。如今，佛光寺保留下來的唐代木構建築、加上唐代塑像、唐代壁畫和唐代題記墨跡等，被稱為「四絕」，深具文化、文物和藝術上的價值，很值得我們加以珍視。所以，儘管目前寺院的規模已大不如前，而且也沒有僧侶居住，只是徒具「寺」之名而已，但仍然有其很特殊的吸引力。

三

我們同來五台山遊覽的人原也不少，但堅持要到佛光寺去的只有五人。我們雖只有五人，當中還有兩人是夫婦，但卻分別來自美國、日本、南韓和香港，真可說是「國際」之會了。幾經周折，我們終於來到心儀已久的佛光寺。車子停在山門前高築起來的平台上，平台邊緣是書上「佛光寺」三個大字的照壁。看到這三個大字，心裏着實有點莫名的興奮。

進了山門，院落寬廣，布局整齊。偌大的寺院，沒有山僧，遊訪者就只得我們五人，顯得清靜、閒適、寧謐，心情感到分外的舒暢。說起來，這真是有點矛盾，因為如此深具歷史文物意義的古蹟，來此一遊的人竟如此稀少，總會為之感到不值。但如非這樣，我們又怎可以細緻地遊覽這裏的景物，一享寧靜的山寺的情趣呢？事實上，要是它並非位於五台山南台的外圍，而在五台中心的台懷鎮上，恐怕它難免又浸沐在遊人絡繹於途、小販群聚叫賣的熱鬧氣氛之中了。它的僻處台外，反倒成了其優點所在。其實，這也正好說明了它之所以能夠保存這麼古的木構建築和其他文物的其中一個原因。因為位於五台中心區的眾多寺院，往往會因為政教上的理由而有所改變。得到厚遇之時，帝王貴胄、高官巨賈固然會重金布施，修葺不止；殿堂的建構也就隨之而改觀。要是與當權者不合，則又往往遭受無妄之災的破壞，甚至整個被燒燬拆掉，自然也就無法維持原本的規模和面貌。只有偏處一隅，交通不便，人跡少至，香火冷落，反而得享「天假之年」，遺留下來珍貴的歷史文物。得失榮枯，有時真不可從表面的現象去衡量的。

由於寺中已無僧侶居住，到此一遊的人亦不多，寺裏的房舍大都關上了門，連文物展覽館的門也是閉上的。寺裏面給我們講解介紹的只有兩位小姑娘，但她們只管自己的範圍，無法為我們開啟文物展覽館的大門，老遠走來的我們一行五人，對這裏所保存的文物，也就只好緣慳一面了。展覽館的門雖然關閉，但門外卻釘上兩塊木板，寫着：「學習歷史，創造明天」。真難説它通不通，但放在這樣子的寺院裏，總難免令人有不倫不類的感覺。

四

佛光寺是趙樸初[1]先生譽為「瑰寶世間無」的二唐寺之一，已被認定為「國寶」級的文化遺產，所以寺院大體上由官方的文物保護單位管理，因而並無僧侶出入，而文物展覽館門前才

1 趙樸初（1907－2000），作家、詩人、書法家，1980年代曾擔任中國佛教協會會長。

會寫上「學習歷史，創造明天」之類與寺院氣氛不太相稱的字眼。至於給我們講解介紹的兩位小姑娘，專業精神與知識都不錯，自然也是文物管理單位的職員，態度很是熱誠。但聽她們解說跟參觀一般寺院時向住持或寺僧請益的意趣當然有很大的不同。

佛光寺的布局的確很特別，一進山門便是寬敞的庭院平地，由石頭砌成的道路直往高台處延伸，高台上就是佛光寺正殿的東大殿。由於庭院平地寬敞，正殿前並無房舍遮擋，而走上高台的台階又非常陡峭，於是顯得正殿特別雄偉，而且，開門即見，更是分外的有氣勢。

從山門往內進，左邊是文殊殿，是金代的建築物，雖非唐朝的遺蹟，但也有八百多年的歷史了。規模之大，僅次於東大殿，共有殿建七間，而只用四根內柱，即把樑架頂住。殿內有文殊菩薩騎獅塑像，為宋以後之物。其前又有一尊石雕文殊菩薩騎獅像，則是唐代的遺物。殿內四周的牆壁上，繪有大型壁畫「五百羅漢像」，但其實畫出的只有二百四十五尊，神態栩栩如生，很有動感，是明代的作品。與文殊殿相對的本來還有一座普賢殿，早於明崇禎年間毀於火災，非常可惜。事實上，中國寺院經歷天災人禍者比比皆是，能夠歷劫餘生的，可說絕無僅有，難得之極。唐寺遺蹟之可貴，值得我們再三珍視。

文殊殿對正的庭院十字路上，立着一個八角形的石幢，從幢身刻着的經文末尾所注的年份來看，知是唐乾符四年（公元八七七年）建立的。與另一個立在東大殿前的石幢相較，約晚了二十年，另外那一個石幢是唐大中十一年（公元八五七年）建立的，全寺現存的就只有這兩個唐石幢而已。所謂「幢」，原是儀仗的旗幟，後用以翻梵文的「馱縛若」(Dhvaja)，含有佛統率眾生，降伏群魔的意思。中國寺院大殿佛像前，往往立竿為柱，頂上安以裝飾，即稱為「幢」。而用石造的，便是「石幢」，其上多刻有經文。

唐寺四絕

一

從佛光寺寬敞的庭院平地延伸至高台之處，便是一個門洞，門洞之後是坡度很陡的三十多級的石階，這樣子陡峭的石階在其他地方非常罕見。攀緣而登，其上則是個寬廣的高台，唐代木構建築的東大殿即坐落其中。殿前矗立着兩株高聳挺拔而又碩大的古松，松幹要兩人環抱才可合圍，是甚麼時候栽種的已不大清楚，但松幹上釘着一塊小木板，寫上兩個蒼勁的大字：「唐松」。如此難得一見的古松，即使不是唐代的，也該是年代極為久遠的了。

從殿前高台欄杆外望，遠方是連亙起伏的群山，近處是寬廣坦平的庭院，益發顯出大殿的雄偉巍峨。大殿的左側有一座雙層磚塔，相傳是創建佛光寺時住持和尚的墓塔，俗稱祖師塔。塔身的雕造形制，有濃厚的印度風格，據專家的判斷，應是北魏或北齊時期的遺物。果然如是的話，則祖師塔應是佛光寺最古老的建築物了。

至於東大殿，除了本身是唐代木構建築之外，當中還保留了唐代的泥塑、壁畫和題記墨跡。這四者薈聚在一起，稱為「四絕」。

東大殿內的木構建築是寬七間、深四間的殿堂。所謂「間」，是五台山古建築空間組合的基本單位，也是規模大小的計量單位。一般指四根柱子圍成的空間，稱為一「間」。多為矩形，也有正方形的。大殿建築具有唐代特色的首先是其天花板，樑上所裝的天花板，方格密小，稱為「平闇」，跟日本現存唐末五代殿宇的形制正相似，可見是當時較為通用的方法。平闇將樑架分隔成「明栿」和「草栿」兩部分，明栿指木樑外露之處，草栿則指木樑隱藏的部分，而草栿最高處的第一道平樑，安上了「大叉手」來承托頂脊，是唐建的做法。宋後則叉手和小木柱並用，清代就完全不用叉手，只用小柱來承托。如今所見，東大殿只用大叉手而已，足以證明它是唐建形式的僅存實物，無怪乎梁思成先生也特別留意到它的叉手做法，說是「國內木構中的孤例」了。此外，殿中內柱和殿宇的檐柱高度相等，與後世一般內柱較高的做法並不相同，也是唐建的一個特徵。可以說：東大殿是一派的大唐遺風。

二

佛光寺的東大殿保留着一派大唐遺風，其木構建築是目前僅存的唐建形式，非常罕有，因而成為該寺「四絕」之一。

除了木構建築之外，泥塑像可說是它的另一絕了。東大殿的內槽有道扇面牆，築有一座長五間（約九米）、深一間（約一點八米）的大佛壇。壇上有佛、菩薩、弟子、金剛等三十多尊塑像，都是唐塑的遺物，非常珍貴。

佛壇正中是釋迦牟尼佛，端坐在須彌座上，他的右邊為阿彌陀佛，左邊是彌勒佛。釋迦佛右肩袒露，右手垂放在膝上，左手捧着佛缽放在腹前。阿彌陀佛則坐在六角形的須彌座上，而彌勒佛則雙足下垂坐着，左右腳下各有蓮花一朵承托着。三佛的尊容都豐潤慈祥，口唇端正，眉毛彎曲，表現出顯著的唐代風格。至於三佛的衣飾，紋理流暢，摺皺分明，薄似真衣般的披在身上，令人有栩栩如生之感，塑製的工藝技術非常精巧。

佛壇的最右側是騎着獅子的文殊菩薩，左側是騎着大象的普賢菩薩。按通常的配置，是文殊居左，普賢居右的，但五台山的寺院，一般都與此相反。佛光寺亦是如此，以文殊居右，普賢居左，這大抵因為古以右為尊，而五台山既是文殊菩薩的修道場，自然也就把他放在右邊了。

在五尊主像的身旁，又有多尊大大小小的塑像，造像較為高大的，有釋迦佛兩側站着的阿難、迦葉二尊者，與及各主像身邊的侍脇菩薩，他們大都體態豐盈，神色秀美。至於體形較小的有各主像前的供養菩薩，姿態較為特別，一足跪，一足蹲的坐在高蒂蓮花上，手捧供果，虔誠敬佛，他們肩披垂帶，衣裙起褶，加上肌膚白皙，神情溫雅，有很強的質感表現出來。而在騎獅的文殊和騎象的普賢兩菩薩之前，除了童子像之外，還有牽引着獅子和大象的泥塑像，牽引着獅子的是個皮膚較黑的胡人，在眾多白色泥塑之中顯得有點特別，樣子很像個波斯之類的中東人。這些塑像，雖不是主體所在，但仍然形態生動，姿采可人。

三

在佛光寺佛壇上的塑像，除了上面所提過的五大主像、侍脇菩薩、供養菩薩、文殊和普賢、童子等之外，還有佛壇兩端前角立着的兩個護法金剛，他們揚眉睜目，體魄魁梧，披甲執劍，威風凜凜；一派赳赳武夫氣概的相互對峙着。與其他各個塑像的溫潤祥和、優閒舒雅，成了很強烈的對比。另一方面，除了兩個護法金剛之外，幾乎所有塑像都是體態豐滿、面相圓潤、膚色白皙的，只有那牽引着文殊菩薩坐獅而個子較小的塑像是滿面于思、皮膚黝黑與別不同而已，一看便知是個西域以外波斯之類的中東人，通常就稱之為「拂菻」。「拂菻」其實並不是人名，而是國名，即古之大秦，也就是東羅馬帝國。大抵認為他是「拂菻」國人之故，所以才有這個稱法。這個稱為「拂菻」的塑像，要是從地位上說，較為卑微，自然無法跟其他諸像相比。但若從塑製的藝術上來看，則他卻是別具特色，與其他體形大的塑像相較，反而令人感到有較多的寫實味道，面相看來亦生動而有趣。

說到佛壇上其他塑像，一般都是面部肥潤，體態豐腴。而面相之中，眉清目秀，鼻高唇圓，加上身材高眺，神情端莊溫雅，充分反映出唐人心目中理想的健康美態。

佛光寺的唐塑之中，除佛壇上的塑像外，還有兩個寫實的肖像，一個是捐貲興建東大殿的女施主寧公遇；另一個則是建築大殿時的寺僧愿誠和尚。這兩個塑像，相信是仿照真人身軀的大小來塑造的。寧公遇被稱為「佛殿主」，她的造型是面部豐滿，目光慈祥；頭上結髮隆起，衣飾褶疊多姿；神情溫雅端莊，一派生活於上層社會中的風度，顯出她的高貴氣質。至於愿誠和尚，則身披袈裟，盤膝而坐；眼睛微攏，顴骨突出；神情靜穆中見祥和，表現出一種剛毅而帶着慈悲的胸懷。這兩個寫實的肖像都可説是形神雙美，塑製中的成功傑構。

除了唐塑外，環繞着殿內後牆的還有「五百羅漢」，其實共只有二百九十六尊而已。他們千姿百態，栩栩如生；表情維肖維妙，藝術價值也非常高，與佛壇上塑像的風格有明顯的分別，屬於明代的作品。

四

稱為「四絕」的佛光寺唐代遺蹟，除了正殿本身的木構建築和以佛壇塑像為主的泥塑之外，便是唐人繪寫的壁畫和墨跡題記了。但木構建築和泥塑這兩「絕」都是具體實物，較易讓人看清楚，而壁畫和題記二者，由於所在的地方並不太顯眼，顏料和墨色亦有所褪改，觀賞起來便不那麼容易。

在東大殿檐柱和內柱夾着的內槽拱眼壁上，存有多幅壁畫。除了拱眼壁左外側有兩幅宋代、一幅明代的壁畫外，其他全是唐制遺蹟。其中最主要的一幅，共分三組構圖，所畫的都是背有光環的佛和眾菩薩圖像。中央的一組即以佛為中心，配上七個菩薩脇侍。左右兩組則以菩薩為中心，旁邊又各有菩薩、天王、飛天等伴隨在一起，圖像大都圓潤端莊、儀容溫雅。而衣紋褶理，飛天飄逸，充分反映這幅壁畫的畫法勁秀，筆力流暢，與敦煌唐代壁畫的畫風極為相似。可惜這些壁畫都比較接近天花屋樑，光線很暗，站在殿堂上舉頭仰望，憑肉眼是看得不太清楚的。無可奈何之下，我們只能利用攝錄機的鏡頭，將之拉近、放大，然後才稍為看得清楚一點而已，但要細細欣賞還是很不容易的。

除了內槽拱眼壁面之外，在佛壇釋迦牟尼佛須彌座背面也有一小幅壁畫，寬約一呎，長約二呎餘，同樣分有三部分，中間部分略有剝落，繪着一個力士抓着一類似猿猴的動物，上面則殘留一張口舞爪的游龍。左邊畫的是穿甲持劍的天王，手腳各壓着一個魔怪。右邊則畫着一個裸身持杆的力士。無論天王、力士、魔怪，都筋肉起節、有力，質感很強。這幅壁畫是一九六四年拆除堵塞的泥牆時才發現的，可能因為長久密封的關係，所以雖然世歷千載，仍然保存得色澤如新。

至於墨跡題記，除了梁思成先生提及在樑底下有「佛殿主」寧公遇的題記外，在大門背後和大門門框立枋上也有幾處唐人墨跡留存下來。站在殿堂之上，樑底下的題記看得不太清楚，而門扉上的題字，又不全是唐代的墨跡，要細心觀賞，才可以看到那些是古樸的唐人書體，屬於「四絕」之一，應該毫無問題。

唐招提寺

佛光寺至今仍保存着唐代遺留下來的木構建築、泥塑、壁畫和墨跡等所謂「四絕」的文物，的確非常難得。事實上，別說其他文物，光是建築物本身，歷經千載而沒有受到損毀、變改，已是很不容易的事情。因為中國眾多的寺院，往往會受政教上的影響而不能保持原貌。得到厚遇之時，固然會因高官貴胄、紳商巨賈的重金厚賜而不斷加以修葺，建築物自然無法保存原樣；要是不幸開罪權貴，或遇上天災人禍，則又會遭無妄的災劫而損壞，甚至整個被燒燬、拆掉，就更是面目全非了。所以，佛光寺正殿能保留至今，是彌足珍貴的；無怪乎它跟時代略早的南禪寺，同被譽為「瑰寶世間無」的「二唐寺」了。

這兩個寺院被譽為「世間無」的瑰寶，可說是當之無愧的。但若單從唐代木構建築或唐代規制的寺院而言，因為還有個唐招提寺，也是唐代木構建築之遺。只是，南禪寺和佛光寺是我們的「全國重點文物保護單位」，而唐招提寺則是日本的「重要文化財」而已，但同樣都屬於「國寶」級的文物古蹟，卻是彼此相同的。

唐招提寺位於日本本州之南的古都奈良西郊，創建於日本天平寶字三年（公元七五九年），比建於唐德宗建中三年（公元七八二年）的南禪寺早了二十三年，比建於唐宣宗大中十一年（公元八五七年）的佛光寺更早了九十八年。因此，以年代來說，則唐招提寺應該稱得上是現存最早的唐代木構建築了。

雖然日本的唐招提寺，建造的時間比我們的南禪、佛光二寺還要早，但它的創建，仍然出於國人之手，因為它是由我國唐代著名的渡日僧人鑑真和尚所創建的。所以，要研究我國唐代建築，唐招提寺仍然是個值得珍視、大堪借鑒的具體實物。而鑑真的偉大行跡和對中日文化交流的貢獻，就更值得我們稱道了。

談到招提寺，雖然如今所在的，是日本的奈良，但不期然會令人想到的，是唐大詩人杜甫的詩：「已從招提遊，更宿招提境。」（《遊龍門奉先寺》）可見「唐招提」二字，當時已是習用的了。

招提境

提及日本奈良的唐招提寺，不期然想到了有「招提」二字的一首杜甫詩，它就是《遊龍門奉先寺》，原詩是這樣的：「已從招提遊，更宿招提境。陰壑生虛籟，月林散清影。天闕象緯逼，雲臥衣裳冷。欲覺聞晨鐘，令人發深省。」當中的「招提」，本來是梵文 Caturdesa 的音譯詞的「拓鬥提奢」，是「四方」的意思，指「四方僧」，又指佛寺而言。其後由於「拓」、「招」二字因形似而訛誤，再省去「鬥」和「奢」二字，於是「拓鬥提奢」更變成「招提」了，但意思還是一樣。既可指「招提僧」，也可指「招提寺」。而最先把佛寺稱為「招提」的，是後魏太武帝，他始創以「招提」名其新造的伽藍，其後此二字即多用來指佛寺。杜詩此處所用的，亦以指佛寺而言。據《唐會要》說：「官賜額為寺，私造者為招提蘭若。」則「招提」便變了專指私造的寺院了。

杜甫這首詩的寫作，年代比較早，甚至可能是現存杜詩中最早的一篇，故不少杜集都將之列於卷首。龍門，就是河南洛陽南面的伊闕山，亦即著名的龍門石窟所在地，奉先寺便在其上。

杜甫這首詩，雖名為「遊」，且首句即用「遊」字，但實際所寫的卻是「宿」。自第二句以下，都是因夜宿該寺而引發出的感興。即是「宿」而非「遊」，於是便少有「景」觀而多為「境」遇了。所謂「天闕象緯逼，雲臥衣裳冷」固非但言山寺之高寒、「陰壑生虛籟，月林散清影」更非只在說眼前所見的景物。至於「欲覺聞晨鐘，令人發深省。」就更是「境」而非「景」了。此中所說之「境」，不是人境、仙境，而是招提之境，萬慮俱寂、令人深省的心境。故全詩所寫的，其實都因第二句「招提境」而來，說的都是「境」之事。

事實上，到了現在，即使是「遊」而非「宿」，無論去的是五台山的佛光寺，抑或是日本奈良的唐招提寺，遇上的都仍然是一片清靜、寧謐、虛寂之境，處身其中，足可令人滌盡塵慮，滿心清涼。「招提」之境，也許未必距離我們是那麼遠的呢。

佛光與招提

五台山的南禪寺和佛光寺同被趙樸初先生稱譽為「瑰寶世間無」的「二唐寺」，主要的原因，在於這兩寺的大佛殿，是我國現在僅有的兩座唐代木構建築，也是現存最古老的木構建築物，無論從歷史文物或建築藝術而言，都顯得特殊而珍貴。但所言「世間無」，則至少仍應包括日本奈良的唐招提寺，它不但在建築年代方面比「二唐寺」還要早，而且保存得也很好，跟我國唐代的木構建築，規格也很近似。尤其是唐招提寺的金堂，跟佛光寺的正殿相比，彼此不論自外觀抑或內景，都是形象相似，格調同一，深具唐代的建築風格。

梁思成先生就曾經為文把佛光寺和唐招提寺作過比較，認為這兩個分處中、日兩地的唐寺，雖然創建的時間相距近百年之久，但在結構上卻極為相似。兩者同樣是廣七間、深四間的殿宇；同樣是單檐四注柱的格局，內部也同樣在柱頭斗拱上施月樑，樑上施小方格天花。可以說，兩殿面積雖然略有差別，但總體風格是相同的。梁先生並且提出:「在這共同風格之下，兩座殿在細部的處理上又各有不同之點，這些大同小異之處，正像兩個同胞兄弟之異同那樣。」跟着，梁先生很詳細地説明了兩者相異之處，其中包括了：屋頂的坡度、前檐下牆壁門窗的位置、斗拱的組合和牆壁的處理等。最後，他作了這樣的結論:「儘管有這許多差別，總的説來，這兩座殿堂在風格上相同之處還是十分顯著。無論在中國或者日本，一千多年前的木構殿堂都是極為稀罕的。這兩座十分相似的殿堂正可以作為當時中日兩國建築的研究上互作參證的最可珍視的實例。」

梁先生的話的確不錯，事實上，單在中國或日本能夠保存這麼樣的木構建築已很不容易，而兩者竟然各有這麼近似而值得珍視的佛教廟宇，就更為難能可貴了。佛光、招提兩寺，正是足以互作參證的實例，也是足可相互輝映的歷史文物，更是中日文化交流的具體見證。而在這方面做出偉大貢獻的鑑真和尚，就確實不能不令人由衷地致以崇高的敬意了。

東征的唐僧

一

杜甫詩「已從招提遊，更宿招提境」中的「招提境」，說的是河南伊闕山上的龍門奉先寺；今人趙樸初先生的詞作中也有「招提境，神往奈良城」之句，指的卻是日本奈良的唐招提寺。所以，雖然同屬「招提」，但一在中土，一在扶桑；一居於「天闕象緯逼」的高山之上，一位於寬廣的奈良大和路平原之中；處「境」又各有不同。另一方面，杜詩描寫的，是個人遊宿佛寺的思懷和感興，而趙先生所要表述的，則是稱頌唐招提寺的創建和它的開山祖師鑑真和尚。趙先生的原作是一首《喜春來》詞，內容是這樣的：「兩邦世代稱盲聖，六犯風濤誓舍身，同天風月啟詩情。招提境，神往奈良城。」

詞中所謂「兩邦世代稱盲聖」中的「盲聖」，說的就是東渡日本時已經雙目失明的鑑真和尚，而「六犯風濤誓舍身」亦正概括地稱道了鑑真和尚一生堅毅卓絕的偉大行跡。

鑑真和尚原是揚州江陽縣人，俗姓淳于，生於武則天垂拱四年（公元六八八年）。十四歲時即出家為僧，其後遠遊長安、洛陽等地，跟隨名僧碩師就學，探究三藏諸經，成為學養深湛的僧人。回到揚州之後，便在揚州的大明寺（清初以後改稱為法淨寺）教授戒律，到他收到日本僧人榮叡和普照延聘，發願東渡日本傳戒之時，鑑真已是五十五歲，名滿天下的大唐第一高僧了。

鑑真當時不但已年過半百，而且是一代的禪門大師，加上遠赴日本，交通不便，淼淼滄海，去者「百無一至」。甚至他的眾多弟子，最初也不太積極，沒有誰料想到鑑真去志卻是那麼堅決的，他認為：「是為法事，何惜身命，諸人不去，唯我即去。」終於，有二十多位弟子經他感召之後隨他出發，開始了史無前例、深富戲劇性的「六次東渡」壯舉，那時正是唐天寶二年（公元七四二年）、日本天平十四年的時候。

他的「六次東渡」，前後歷經十二年，其間過程曲折，險阻重重；到達日本之時，他已屆六十七歲的高齡，而且雙目也失明了。

二

曾經「六犯風濤」，始終堅持理想的鑑真和尚，前後要歷經十二年的光景，備嘗艱辛，然後才可以到達日本去。其中的險阻，有是人為的，有是客觀因素造成的。而當中最艱難的可說是第五次東渡的一役了。在此之前，已有過四次失敗經驗的鑑真，帶着一行人等在唐天寶七年（公元七四八年）出發，結果船隊在海上遇上了特大的颱風，他們所乘的船隻漂流到了海南島的南端去。其後才由海南島循陸路輾轉經過廣東、廣西、江西等地返回揚州，一路上，鑑真並邊行邊傳戒授律，弘揚佛法。

這次航海失敗帶來的挫折，還不止僅僅令他無法順利地到

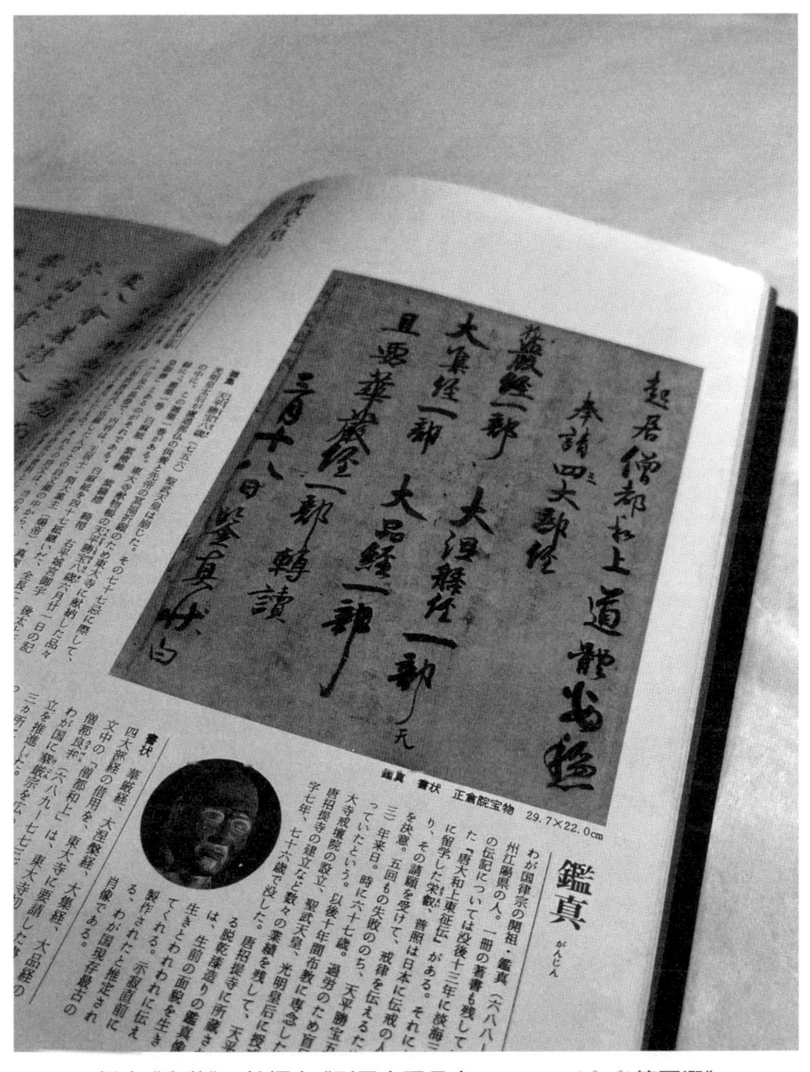

鑑真《書狀》，拍攝自《別冊太陽日本のこころ 33 名筆百選》

達日本，而且還招致了更慘重的損失。他的得力助手，自開始便一直追隨他的大弟子祥彥，和力邀他赴日傳戒，為了他而留在中國的日本僧人榮叡都在那次失敗的航程中先後病死；而他自己本身也因瘴熱的影響弄至雙目失明。在這重重打擊之下，加上他那時已是年逾六十的老翁，如非有超凡的意志，根本無可能再興起赴日本之念。然而，鑑真夙志未酬，雄心竟然未嘗稍減，就憑着他那種不屈不撓的堅韌意志，終於排除萬難，而有第六次東渡日本的成功。

第六次東渡，是以偷渡的方式乘坐當時一艘日本使節船前往日本的，雖然同樣也有險阻，但終算能安抵日本。那時是唐天寶十三年（公元七五四年），他已是個六十七歲的失明老人了。到了日本之後，還不到十年，便病逝於奈良，終年七十五歲。

他生活在日本的時間雖然並不長，但卻有很大的影響。除了宗教上他是佛教重要的傳戒授律的律宗僧人外，每次出發，他還攜帶了大量的佛典、雕刻、繪畫、書法、醫藥等冊籍文物，對唐文化的傳揚，固然很有貢獻；對於日本文化的發展，尤其居功至偉。至於他親手創建的唐招提寺，就更成了中日文化交流史中的實物見證了。

對於鑑真東渡事跡記敍得最為詳盡可靠的是他弟子在日本所撰寫的《唐大和上東征傳》，其餘《續日本記》、《戒律傳來記》等亦很有參考價值。

天平之甍

一

憑着驚人的意志、超凡的毅力，歷經了連番挫折，重重困阨，甚至出生入死的險境，鑑真和尚始終堅持信念，終於在六次東渡之後，得以如願以償，抵達日本。他首先去到的是九州的薩摩半島，跟着由九州的太宰府到了難波（即大阪），然後再進入當時日本政教中心的奈良。那時正是唐天寶十三年（公元七五四年），亦即日本孝謙天皇的天平勝寶六年。當時的鑑真和尚，不單已屆六十七歲的高齡，而且還雙目失明，但他仍然熱切地興建寺院，傳揚佛教，推廣中國文化，開創他在日本的事業。要非他堅苦卓絕，具有大無畏的精神，實在無法做出這麼大的貢獻，得來這麼大的成就，他的行跡，的確值得人們景仰。

鑑真到了奈良之後，很受當時日本朝野和寺僧的歡迎，除了興建戒壇之外，並先後為當時的天皇、皇后、皇子和僧侶等四百三十多人授戒，把律宗的戒律在日本傳揚開去。受戒的人也增至數萬人。其後，除原有的戒壇院外，還創建了唐招提寺，他和一班弟子也就移駐該寺，使之成為日本律宗的總本寺。鑑真和尚圓寂之後，亦葬在該寺之內。直至現在，這座保存着盛唐風格的木構建築每年還是定期對外開放，展出鑑真當年使用過的遺物。而寺內所供奉的鑑真漆雕塑像，已成為日本的「國寶」，受到特別的保護。

說到這座塑像，可稱得上是日本現存最早的美術雕刻品之一。它是個夾紵坐像，像的儀容端莊，雙目緊合，盤膝之上是平放的雙手，而袈裟衣褶，紋理清楚；整個形相，顯出方正而祥和，剛毅而誠懇；不愧是雕刻藝術的傑構。它曾於八十年代初被送至鑑真原籍的揚州，在法淨寺中供奉，而法淨寺亦從那時起回復太明寺的原名。不過，由於塑像屬於日本的「國寶」，供奉過後，自然又得送回日本去。

至於鑑真的生平行跡，除了屬於正史方面的《唐大和上東征傳》、《續日本紀》、《戒律傳來記》、《延曆僧錄》等書籍之外，日本當代著名的小說家井上靖的《天平之甍》也是本動人之作，書中即通過唐招提寺上的甍瓦來反映鑑真一生的偉大行跡，以及這段中日文化交流史上的光輝歷程。

二

《天平之甍》是日本當代著名作家井上靖的歷史小說，寫的就是為傳授戒律而歷盡艱辛渡海到日本，其後成為奈良唐招提寺開山祖師鑑真和尚的故事。六十年代初期這部小說曾經改編為同名的歷史舞台劇，由日本著名的舞台劇演員河原崎長十郎導演，並擔綱演出；負責劇本改編工作的則主要是日本劇作家依田義賢先生。無論是小說抑或舞台劇，《天平之甍》都很受歡迎。小說固然成了暢銷書，舞台劇亦曾經在兩年之內公演了二百多場，稱得上是成功之作。

小説寫得好，舞台上表演出色，無疑是它廣受歡迎的一個因素，但基本上，還在於鑑真和尚「東征」這事的過程本身就有其深刻感人之處。另一方面，在鑑真前後那段中日文化交流的歷史，也着實教人難以忘懷；尤其是當時正值大唐盛世，日本多次遣船使唐，大量吸收中國文化，使之得以橫移至日本植根、發展，日本人之對那段歷史產生特別感情，自然是很可以理解之事。

《天平之甍》的「天平」，指的是日本文化史上的奈良時代，就是以聖武天皇的天平年間（公元七二九年至七四九年）為中心，再延伸至由孝謙至桓武天皇的天平勝寶、天平寶字、延曆等年間（公元七四九年至七九四年）的一段時間而言。鑑真和尚即在這段時間內在日本傳教、授戒、興建寺院並且終於圓寂於彼邦。至於「甍」，指的是屋脊的外表層。原來屋脊的內層多以木支架，稱為「棟」，其字從木，屋脊外層則多鋪上瓦，成為「甍」，其字亦因而從瓦。《天平之甍》之所以用「甍」為名，説的就是鑑真和眾弟子正在興築唐招提寺時的一個場景。在工地上，有人送了一個包裹給曾經力勸鑑真渡日的日本僧人普照和尚，打開來看，原來是個甍，鑑真跟他們反覆撫摩，終於發現那甍原來是長安崇福寺大殿上的鴟尾（裝飾在建築物頂上兩端的陶瓷飾物），大抵因為安史之亂，崇福寺被燒之故，因而令到這個甍輾轉流落到日本去，而且還有點裂縫。鑑真最後決定把這個甍裝在唐招提寺金堂屋頂上的兩端，成了它的鴟尾。鑑真並且祝願這個甍能為眾生帶來幸福、光明。而這個原屬中土寺院的甍，也就一直穩固在日本唐寺屋頂上，成為歷史的見證。這樣子的寫法，深具象徵意義。

文化使者

一

《天平之甍》原是日本當代著名作家井上靖的歷史小說，其後為著名的舞台劇演員河原崎長十郎和編劇家依田義賢改編成同名的舞台劇；兩者同樣廣受歡迎。其中原因，除了作品的出色，演出的動人之外，最基本的，還在於所述說的主人翁，是「六犯風濤誓舍身」的鑑真和尚的故事之故。鑑真渡日過程本身的非凡行跡，固然感人至深，而其對中日文化交流所作的貢獻，更是令人景仰。

事實上，鑑真和尚「東征」，最主要是動機和目的，自然是以弘揚佛法、傳授戒律為主，但除了宗教活動之外，他也該稱得上是個「文化使者」，對於日本天平文化的光輝表現，作出了特出的貢獻；對於整個日本文化的發展，也產生了莫大的影響。

在他多次東渡赴日的過程中，其隨從除了佛徒弟子外，他還帶同其他的專才前往日本，其中，甚至包括了「玉作人、畫師、雕檀、刻鏤、鑄寫、綉師、修文、鐫碑等工手」，可說是個相當全面的「文化使節團」，積極去傳揚中土的大唐文化。這些人手，雖然歷經幾次「東征」的失敗而有所變動，但到了第六次偷渡成功之後，節使本身已是年老而目盲，依然帶同親信弟子二十多人赴日。當然，這些專才人手，對於鑑真的弘法傳道，無疑起着很重要的支援作用。另一方面，除了這些專才人手之外，鑑真本身的學問也非常淵博，在佛學以外的其他方面，像醫藥、建築、文藝之類，他都很有造詣。所以，鑑真赴日，傳教以外，對大唐文化中的漢文學、醫學、雕塑、繪畫、建築等方面在日本的發展都影響深遠。

除了各方面的專才人手之外，鑑真隨身帶往日本的，還有不少文物，其中包括了舍利子、佛像、佛經、真本《玄奘法師西域記》和王羲之、王獻之書法真跡等，都是非常珍貴的。

照《天平之甍》的描述，那穩固地裝在唐招提寺金堂屋脊兩端的甍鴟尾，是從唐長安崇福寺輾轉流落到日本的。這正好象徵着終老異鄉的鑑真和尚，在默默地看着他那歷經艱辛然後帶來的文化根苗是如何地在異國的土壤上燦爛地開花、豐碩地結果。

二

說鑑真和尚是個文化使者實在並無過譽，因為他在多次失敗的東渡日本之行事中，事先都作過了些安排。除了他本身的親信弟子外，隨行的還包括了各方面的專才人手，建築、雕刻、繪畫以至其他細作工匠等都有，可見他立意在弘法揚佛以外，確有意把當時處於高水平的中土大唐文化傳揚到日本去。到了日本之後，鑑真在弘法授戒等宗教活動方面固然相當活躍，表現積極。其他方面的文化傳播工作，也很見成效。既對大唐文化的東傳，作出了一定的貢獻；而對日本文化的發展，也的確影響深遠。

鑑真對大唐文化的傳揚是多方面的，像唐招提寺這「天平之甍」寺院的興築，他參考甚至直接採用的，是當時在中土的大唐木構寺院的規格，這方面的表現，可說是相當顯著的。

除了這些較為明顯而為人熟知的貢獻外，其實還是有很多範圍是值得一提的。首先得說說的是醫藥方面，鑑真本身是個學問淵博的高僧，對藥物不但有深厚的認識，在醫術方面也很有修養；在他成功東渡赴日之時，他由中國帶去了一些貴重的藥物，那時他雖然雙目失明，但憑敏銳的嗅覺，他可以把藥物的性質分辨出來。而在日本之時，他也曾治癒了聖武天皇的光明皇后的疾病，當時是群醫束手的。這些，不但增加了日本人對中國醫藥的認識，也加強了他們對中國醫學的信心。「漢方藥」其後在日本的興旺和發展，鑑真可說是貢獻良多、功不可沒的。

鑑真不單醫術高明，而且還曾把他的秘方在日本編寫成書，可惜早已散佚，無從得知其內容。但在日本現存最古的醫書《醫心方》之中，仍然引錄有鑑真的秘方，因而可以見到他的醫學成就於一斑。《醫心方》是日本一代醫學大家丹波康賴出版於永觀二年（公元九八四年）[1] 的著作，當中引述了中國《諸病源候論》、《千金方》及其他百餘種隋唐醫書的內容，因而成了研究我國隋唐醫學狀況的重要參考資料，其中亦包括了鑑真的秘方在內。

除了醫學之外，鑑真自然還有其他很多方面的貢獻，稱之為「文化使者」，他的確是當之無愧的。

1 《醫方心》成書的日期有二說，另一說是成書於天元五年（公元九八二年）。

書之道

「二王沒後此僧生」，是嵯峨天皇對空海書藝的評價。

可以從兩個角度去理解。

一是指空海的書藝，承繼着二王的書風而來；

一是指空海在書藝上的成就，步武着二王的地位而言。

平安三筆

王羲之《蘭亭序》書帖在日本的流傳，出現得是比較晚的。就我們所知，它要到公元九世紀初的弘仁年間，弘法大師空海在其《獻梵字並雜文表》中才列有「王右軍蘭亭碑一卷」之目，跟王羲之另一名跡《樂毅論》相比，自然是晚得多了。事實上，空海（公元七七四年至八三五年）是個著名的留唐學問僧，在他留學唐土的時候，正值《蘭亭序》傳説多多，享譽日隆之際，他把這有名的書跡帶回日本去，也是很自然的事。何況，他本身就是一個大書法家。

空海是日本佛教真言宗的祖師，不單在日本的宗教發展史方面有重大的貢獻和影響，而且因為他曾留學中土，吸收當時處於極高水平的唐代文化，傳播到日本去，所以對於日本的唐化和中日文化的交流，都曾產生過很大的促進作用。就以書法而言，他是所謂「平安三筆」之一，刻意追慕中國的書法風格，地位崇高，甚至被譽為「日本的王羲之」。

所謂「平安三筆」，指的是日本平安時代最重要的三位書法家，他們就是嵯峨天皇、空海和橘逸勢。日本的平安時代，若單從歷史上來説，歷時約四百年，即由公元七九四年（日本延曆十三年）桓武天皇遷都平安京（即今京都市）起至公元一一八五年（日本文治元年）鎌倉幕府成立為止。但從藝術史的角度來看，則平安時代又可分前期和後期，「平安三筆」都屬平安時代較為前期的人物。

嵯峨天皇（公元七八六年至八四二年）是桓武天皇的兒子，在位十四年，有治績，於文化尤為重視。他雖然未曾渡海赴唐留學或觀光，但對中土文化極為崇敬，漢詩漢文都很出色，書法則宗尚晉唐瑰麗之風，傳世的名跡包括《李嶠詩百詠》和《光定戒牒》等。

橘逸勢（公元？至八四二年）是平安朝前期官員，公元八零四年（即日本延曆二十三年，唐貞元二十年）與空海等遣唐使入唐留學，由於書法甚工，唐人曾譽之為「橘秀才」。今存名跡包括《伊都內親王願文》和《興福寺南円堂銅燈台銘》等。

除了嵯峨天皇和橘逸勢外，「平安三筆」的另一筆自然就是空海了。

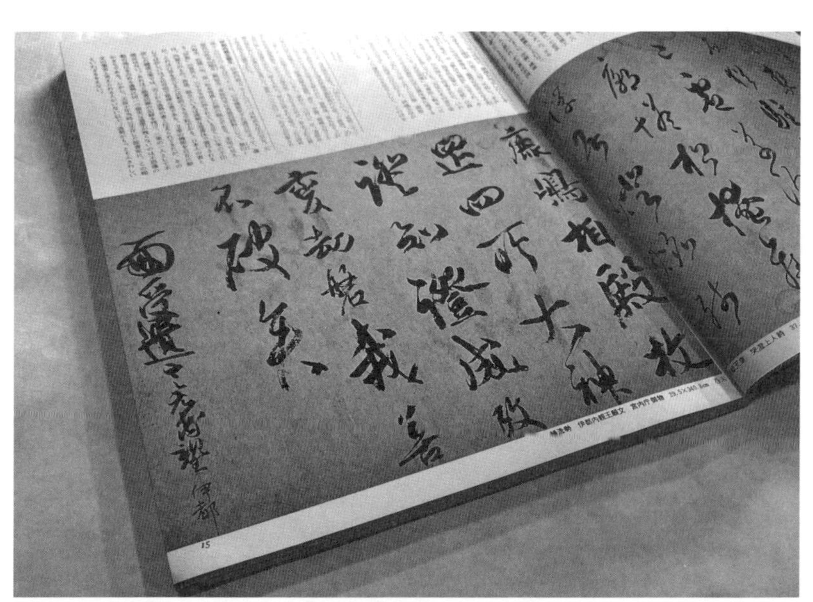

橘逸勢《伊都內親王願文》，拍攝自《別冊太陽日本のこころ 33 名筆百選》

「三筆」之首的空海

空海，是所謂「平安三筆」之首，生於日本光仁天皇的寶龜五年（公元七七四年），卒於仁明天皇的承和二年（公元八三五年），正當中土由盛唐進入了中唐的階段。他俗姓佐伯，幼名真魚，是讚岐國（即今香川縣）人。延曆二十三年（公元八零四年）隨當時的遣唐使藤原葛野麻呂入唐，同行的還有另一位著名的學問僧最澄和也是「三筆」之一的橘逸勢，大同元年（公元八零六年）回國。在留唐期間，曾師事長安青龍寺的惠果，雖只得數月而惠果即圓寂，但已傳得真言密教的正統，成為日本真言宗的始祖。

空海入唐，除了帶回了大量佛教經卷和法具之外，還有其他的文物，包括唐德宗、歐陽詢、李邕、王羲之等人的書跡和拓本。而他在留唐期間，也不光是集中在宗教上的活動和佛教經卷方面的研習，他跟中土的文人同樣有交往，對漢詩漢文的寫作和研究，亦都很有心得。惠果禪師圓寂之後，他即曾撰寫追悼惠果的碑文，而跟長安的文人之間也有酬應的詩作。當然，他還有最為我們一般中國學者所認識的《文鏡秘府論》。這本書保存了不少文學理論方面的資料，特別是由六朝到唐之間有關四聲、病累、對屬等方面的研究，內容更為豐富。所以說，他不但在宗教上對日本佛教發展有重大的影響，而且在中日文化交流以至中國文學研究方面，也有很大的貢獻。

除了《文鏡秘府論》以外，空海最為人熟知的另一本著述是他二十四歲時寫成的《三教指歸》。全文共八千多字，分上中下三卷，包括了〈龜毛先生論〉、〈虛亡隱士論〉和〈假名乞兒論〉三篇文章，分別代表了儒教、道教和佛教所謂「三教」的思想。

《三教指歸》不單是哲學上、文學上的名著，而在書法方面也很有關係。此書原名《聾瞽指歸》，是空海自撰自書的作品，原跡現仍藏於日本的金剛峰寺中，已成了日本「國寶」級的文物書品。

《聾瞽指歸》的墨跡，可以反映出空海入唐之前的書法風格。

空海「真筆」本的《指歸》

空海在延曆十六年（公元七九七年）他二十四歲那年寫成的《三教指歸》，原名本為《聾瞽指歸》。據説，在他入唐之時，曾向中土某學士出示此書，其人對之大加稱賞，並提議改名為《三教指歸》。若將兩者比對一下，除了個別字句外，篇章的內容基本上相同，差異比較大的反而在自序部分。不過，無論其間有甚麼差異，空海都是以六朝流行的駢儷文體寫成的，具見空海入唐之前，其漢文學的功力已非常深厚。

就書名本身而言，《三教指歸》的「三教」，所指的是儒、道、佛三者應該是比較容易理解的，但《聾瞽指歸》中的「聾瞽」卻不容易一下子使人明白。其實此二字可見於東漢枚乘的《七發》:「發瞽披聾而觀望之」。用於書名，「聾瞽」大抵所指的是那些闇於大道、不明真理的人，「指歸」則含有給他們以開導之意。

原跡現存而仍藏於日本高野山金剛峰寺的《聾瞽指歸》，是所謂「空海真筆本」的書跡，已屬於「國寶」級的文物。原件開首即題上「聾瞽指歸」一卷「並序」的字樣，跟着是內容目錄，包括〈龜毛先生論〉、〈虛亡隱士論〉、〈假名乞兒論〉等三論和〈觀無常賦〉、〈生死海賦〉二賦。實則此二賦已在〈假名乞兒論〉中，並非獨立成篇的，故其後刊行的《三教指歸》即往往不列此兩賦之目。至於「龜毛先生」的「龜」字，原跡在其上加上「敝」，但又不是「鼈」，故一般轉錄刊印，都只寫成「龜」字而已。

從書法的角度看，《聾瞽指歸》是在空海入唐之前所書寫的，應該可以反映出他前期的書法面貌和風格。他所用的基本上是行書書體，但點畫明朗，字的結體較為瘦長，字與字之間的連筆較少，而依然很有行氣，筆力亦可説是明鋭而剛健，只是較少灑脱的意趣而已。

當然，《聾瞽指歸》未必是空海得意之筆，也不是他刻意要寫成書法精品之作；他只是自撰自書，最主要的用心所在還在於文章本身的內容。不過，由於這是他入唐前較為早期的「真筆」累積，我們可以從而了解到他未與中土文人、書家交往之前的基本面目。但這並非意在説他的書法在入唐之後才受到中土書家的影響，事實上，《聾瞽指歸》還是得力於晉唐書風的。

由《指歸》說到《風信帖》

一

空海在入唐之前所寫的《聾瞽指歸》，無疑可以反映出他前期的書法面貌和風格，了解到他未跟中土文人、書家交往之前的模樣。但這並不是說，空海的書法，要到入唐之後才受到中土書家的影響；事實上，就我們所見的《聾瞽指歸》書跡，基本上還是得力於晉唐書風的。

《聾瞽指歸》所寫的是行書，字的結體瘦長，字與字之間的距離比較分明，連筆甚少，有偏於楷書般的整齊傾向，寫來很有行氣。整體的表現，顯示出空海並非刻意要將之作為書法作品般來書寫，而是重視文章本身的內容；但純從書法的角度來看，仍然是很可賞翫的書品。比較特出的，是它的點畫明朗，筆力剛健，與他其後楷書的厚重和行書的灑脱都有所不同;清楚表明了他書寫《聾瞽指歸》時雖性好佛學、深諳佛理，但到底還不失其少年剛銳之氣，筆鋒比較明利。另一方面，空海得力於晉唐書風的地方也是很清楚的，像《聾瞽指歸》自序「或懷患吟而賦憂心，視賢能以馳褒讚」中的「或」、「懷」、「馳」等字的寫法，都很有王羲之的筆意，除此之外，當中亦有些段落頗似隋朝智果禪師的風格，智果的書法，是號稱所謂得「右軍骨」的（見唐張懷瓘《書斷》），則空海入唐之前已很受王羲之書風的影響，應該沒有甚麼問題。

說到受王羲之的影響，《聾瞽指歸》還不算最具典型，其最能體現王書風格的，相信非他另一名跡《風信帖》莫屬了，《風信帖》寫於嵯峨天皇的弘仁三年（公元八一二年），已經是空海入唐歸國之後的第六年了。那年，比他年長的最澄和尚在高雄山接受了他所主持的金剛界灌頂和胎藏界灌頂儀式。兩人的交往頗為深厚，而《風信帖》就是空海在那年寫給最澄的三通書信，由於第一封起首有「風信雲書」的字樣，故而有《風信帖》的稱法。這一書帖原有五通，其後失去了其中兩通，現在只存其餘的三通而已。就以這餘下的三通書帖來看，《風信帖》可說是空海書跡中最上乘的作品之一，其精妙處正因為具有王書神髓的緣故。

二

空海撰寫《聾瞽指歸》的時候，不單尚未入唐留學，而且還只有二十四歲，算得上是頗年輕的，所以筆力顯得明銳剛健，還不免表現出一般少年英發的氣象。到他給最澄寫《風信帖》之時，不但已年近四十，而且也在他入唐以後，無論識見、學養、文采那一方面來說，都較入唐前更為成熟，其在書法上的表現，也可以說是進步良多，就以這現存的《風信帖》三通書函為例，比起《聾瞽指歸》來說，字的頭角是減少了，鋒芒是收斂了，代之而來是流麗而矯健，瀟灑而俊美，很有王書的神韻。

《風信帖》所寫的，基本上是行書，當中亦兼用草體；看來是運筆自如，隨意所之，所以才表現出那麼灑脱自然。相信他在留唐期間，除了對當代書家曾下過一番觀摩、模仿的工夫外，對晉人書風特別是王羲之的風格有很深的研究和體會。我們提過：空海在入唐以前所寫的《聾瞽指歸》，其書法已得力於晉唐書風尤其是王羲之的影響的，但比起《風信帖》來，其實還有一段頗大的距離，我們只要略舉一個「是」字的寫法為例，就能清楚了。《指歸》自序開首一段那兩個「是」字的結體板重、筆畫生硬，與《風信帖》中「是」字的俊逸輕快，真可説是不可同日而語，《風信帖》是很顯明地體現了王羲之書風的。從《聾瞽指歸》到《風信帖》所反映空海在入唐前後書風的差異和成就，正好説明了他在留唐期間，除了研經學道之外，在書法方面也是很有所得的。

事實上，空海原擬長期在唐留學，但結果只在中土停留了兩年便回國，不過，雖然留唐的時間很短，但收穫卻是豐盛的。別説他在中土所披覽過的經典文物，所接觸過的高僧名士，就是他帶回日本去的東西，也非常可觀。他回國後，曾撰《表上請來目錄》，詳列他所帶回的經卷論疏。此外，又撰有《敕賜世説屏風書華獻表》、《書劉希夷集獻納表》、《奉獻雜書跡狀》、《奉獻筆表》、《獻雜文表》、《書劉廷芝集奉獻表》、《獻梵字並雜文表》等文目錄，當中除了包括不少詩文集以外，還包括了不少書法真跡和拓本，我們以前所提過的「王右軍」《蘭亭碑》一卷，自然亦在其中。

「二王沒後此僧生」

原本打算在唐土留學十多二十年的空海，結果只逗留了兩年便回國，不過，他的收穫卻是豐盛的，他對佛教在日本的傳揚和發展，固然影響深遠，對促進中日之間的文化交流，貢獻更為重大。單從他帶回日本去的經典文物來看，就已經是非常可觀了，更遑論他本身的行事和著述。根據他自己撰寫的目錄，除了佛教的經卷、法具之外，他還帶回了不少唐人的詩文集子和書法墨跡、拓本。其中屬於書法作品的，便已包括《德宗皇帝真跡》一卷、《歐陽詢真跡》一卷、《張誼真跡》一卷、《太王諸舍帖》一卷、《不空三藏碑》一首、《岸和尚碑》一首、《釋令起八分書》一卷、《謂之行草》一卷、《鳥獸飛白》一卷、《飛白書》一卷、《急就章》一卷、《梁武帝 · 草書評》一卷、《王右軍 · 蘭亭碑》一卷等，真是琳瑯滿目，豐富異常。此外，他又有《進李邕真跡屏風表》，都是跟書法有關的。

從他所帶回的書跡之豐富，可以想像他在留唐的短短兩年之間，對書法這門藝術是怎樣的留心，對書法墨跡是怎樣刻意的搜求；而對當代的有名書家，又是如何的虛心請益、着意觀摩。他在入唐之前所寫的《聾瞽指歸》和返國後所寫的《風信帖》，其書風的演變，亦正好具體地印證了他在留唐期間，是曾經如何努力地去研究書法之道的。他之被稱為「日本王羲之」，其實，除了稱譽他在日本書法史上的地位、足以媲美我們的「書聖」之外，如果從《風信帖》所表現的書風而言，實在也是個貼切異常的稱號。

日本的嵯峨天皇，也是所謂「平安三筆」之一，對空海在書法上的成就，亦是佩服到不得了，他曾經寫了一首《賞綾羅屏風御制詩》，對空海的書藝有過這樣的評價，「……亂點乍疑舞鶴起，相連還似旋雁行。華苑正開春日色，月天遍照秋夜明。對之觀者目眩耀，共賞草書笑丹青。絕妙藝能不可測，二王沒後此僧生。既知風骨無人擬，收置秘府最開情。」所謂「絕妙藝能不可測，二王沒後此僧生」，看看空海留存下來的書跡，嵯峨天皇的評價也絕非溢美之辭。

所謂「二王沒後此僧生」，其實可以從兩個角度去理解。一是指空海的書藝，承繼着二王的書風而來；一是指空海在書藝上的成就，步武着二王的地位而言。對於空海來説，這兩者都是恰當的。

我們曾經提過，空海在早年所寫的《聾瞽指歸》，基本上是得力於晉唐書風的，當中一些字的寫法，尤其明顯地具有王羲之的筆意。到了他入唐之後，王書風格的影響就更清楚了。我們所舉的《風信帖》，只不過是最典型的例子而已。現存的《風信》三帖，若以筆勢而論，其實並不完全一樣，其中「九月五日」一帖所寫的書體，在行草之間，寫來特別流順暢達，瀟灑有致。「九月十一日」一帖，所寫純屬行書，筆鋒稍微內斂而顯出較為樸拙的意態。至於「九月十三日」一帖，亦純以行書為主，寫來矯健而穩重、俊美而多姿。三者筆勢雖不同，但都顯示出空海對王書深有體會，而三者之中，個人特別欣賞的是「九月十三日」一帖，此帖之美，可說是深得右軍行書的神髓。所以説，空海之被稱為「日本王羲之」，若光從書風而言，也是非常恰當的。

另一方面，空海的書藝，其實亦並非只吸收了王羲之的風格。除了《風信帖》外，我們看他所臨寫的《急就章》、孫過庭的《書譜》，以至他自己所書的《三十帖策子》、《灌頂記》、《七祖像贊》、《大日經開題》和《上新請來經等目錄表》等，都看到了他多方學習、轉益多師的表現；而且，也不光是行書一體，其他草書、楷書，他都是極為出色的，像這裏所舉的《灌頂記》，雖然並非刻意而寫的書跡，但其中的雄渾筆意，特別是捺筆的寫法，顯然是受到了其時新興的顏真卿風格而來。而《上新請來經等目錄表》的楷體寫法，亦顯然是唐代寫經書風的法度。所以，「二王沒後此僧生」，可以是指他在書藝上的地位媲美「二王」，未必是僅指書風而言的。尤其在日本書法的發展史上更是如此。

空海的另類書風

一

弘法大師空海書藝之深受王羲之書風的影響，可說是毫無疑問的，我們只要看看他留存下來的書跡像《風信帖》之類就很清楚了。但這並不表示空海的書藝，僅僅限於吸收王羲之的風格而已。他在留唐期間，肯定曾經向當代的書家請益和學習，也肯定對當時中土流行的書體下過一番觀摩和研究的工夫；這從他歸國時所帶回的大量墨跡固然可以有所了解，而從他本身其後所寫而留存下來的文物書跡就更是個具體的證明。

在他所攜回的墨跡中，其中像《德宗皇帝真跡》、《歐陽詢真跡》、《張誼真跡》、《進李邕真跡屏風表》等，都是當時唐土名人的作品，空海着意去搜求、將之帶走，反映出他對唐人書跡的重視。而他留唐期間，又的確曾跟隨其時的韓方明學習書法，韓氏書體仿效顏真卿，沈雄而剛毅，空海其後所寫的書跡，亦有表現這種風格的作品。另一方面，他曾隨青龍寺的惠果禪師學法，但只有半年光景，惠果即圓寂。惠果是一代宗師，弟子信徒眾多，相與交往之僧俗文士亦復不少，但僅有數月師徒關係，而且又屬於外方僧侶的空海，卻被推舉為惠果撰作碑文，並書寫其字。這不但表明了空海的文章深為中土人士所器重，其書法也定然廣受歡迎。要不是他平日經常跟文士、書家相互往還、切磋，相信人們不致對他如此重視的。

至於他留唐歸國之後所寫的書跡，也的確足以證明他的書藝是多方學習、多方吸收的。所謂「轉益多師是汝師」，空海書藝無論行、草、楷那一方面，都無不表現出色，就稱得上是個具體的說明。像《灌頂記》，那本來是一個紀錄性的文件，原是弘仁三年（公元八一二年）至四年（公元八一三年）之間空海在高雄山寺主持金剛、胎藏灌頂儀式時的紀錄，主要寫下的，是當時受戒眾僧的法名。其中最有名的，是較空海還年長的最澄和尚，都在受摩頂之戒眾僧之列。所以這個文件即名為《灌頂記》。當中所寫，雖然大部分僅是僧人的名字，但卻表現了沉雄渾厚的氣象，點畫之間，筆勢剛健，顯然的，它是汲取了當時新興的顏真卿書體風格的。

二

提到空海的另類書風，我們首先注意的是他的《灌頂記》，這本來是個紀錄性的文件，記載了當時空海在高雄山寺主持佛教金剛、胎藏兩界灌頂儀式中受戒眾僧的法名。受金剛界灌頂的有最澄等四人，受胎藏界灌頂的有最澄等一百四十五人，最澄是日本天台宗的始祖，是被稱為「傳教大師」的高僧，地位崇高，他年紀較之空海稍長，但也是跟空海、橘逸勢等人同一年入唐留學的，不過，歸國卻略早。所以，《灌頂記》所載，雖然主要是受戒者的名錄，但它卻成了日本歷史上兩大最負盛名的高僧共同參與的盛事標誌，是日本佛教史上最重要的文獻之一。

由於現存的《灌頂記》是空海的原跡「真筆」，所以，除了是佛教史上的重要的文獻之外，它在了解空海的書藝成就上，也有很大的關係。空海書寫這個文件的時候，目標也許只為了作法事的紀錄，並非刻意要寫成甚麼書跡，但就因為他的率意自然，反倒可以看到他書風的另一面貌。正如我們所提過的，《灌頂記》所表現的沉雄渾厚，正是汲取了當時在唐土新興的顏真卿書體風格而來，已經有異於王書的俊逸秀美了。《風信帖》和《灌頂記》都是同一年書寫的，但風格表現卻是如此的不同，空海在書藝上的靈活多變，又的確不能不使人相信，所謂「二王沒後此僧生」、所謂「日本的王羲之」，並不僅僅指其書風上的承襲，還更應該就其書藝上的成就、書法史上的地位而言的。

說到空海的另類書風，除了《灌頂記》外，我們還可談一談的是他的另一名跡《上新請來經等目錄表》，跟《灌頂記》率意而寫的情況並不相同，這個《目錄表》是個非常用心之作，是較為少有的楷書精品。可能因為是「上表」的關係，所以寫來每筆都一絲不苟。基本上，它接近唐人寫經的書風，但結構緊嚴，字畫清晰，條理明快，可說是功力極深之作。整體而言，他跟魏晉以來鍾繇、王羲之楷書的意趣都有不同，明顯地表現出唐代新興書風對空海書藝的影響。

《灌頂記》和《上新請來經等目錄表》兩者，正反映了空海在「二王」之外，還可以有他更廣闊的天地，表現出另類的書風。

《文筆眼心抄》

空海自唐留學歸國之後的書藝，不但有了長足的進步，而且在風格上也靈活多變，除了「二王」之外，他還吸收了不少當時新興的、流行的唐人書風，像我們所提過的《灌頂記》雖然只是篇率意而寫的紀錄性文書，但字體同樣表現出有顏真卿那股雄渾的筆致，而《上新請來經等目錄表》那種一絲不苟、非常用心的楷體寫法，也是明顯地取法於唐人寫經格調的。

除此之外，空海在行草書體方面，亦體現了孫過庭、賀知章等人的書風，如《金剛般若經開題》、《急就章》之類的書跡，都可以看到其中的端倪。至於屬於較為後期之作的《文筆眼心抄》，雖然同樣循着這樣的書風，但卻更為率意自然，也更能反映空海在行草書體經過融會貫通之後的獨特風格。

《文筆眼心抄》寫於弘仁十一年（公元八二零年）已是空海四十七歲之時了。根據空海在序文中所述，那可以說是他另一名著《文鏡秘府論》的簡略本。空海在序中稱其「撰《文鏡秘府論》六卷，雖要而又玄，而披誦稍難記；今更抄其要含口上者為一軸」，而「以《文筆眼心》為名，文約義廣，功省蘊深」，可見他之寫成《文筆眼心抄》，是為了當時的日本人學習漢文學的方便，在文辭上寫得較為簡約、省便，不必像《文鏡秘府論》那麼艱深難懂。當然，到了今天，別說日本人，就是我們國人自己，要理解《文筆眼心抄》也不是那麼容易的事了。至於《文鏡秘府論》，就更成了中國文學，特別是中國詩學研究方面不可或缺的專籍。事實上，一般國人對空海有所認識，不在他的佛理，不在他的書法，就在於知道他著了這本《文鏡秘府論》的關係。

《文鏡秘府論》可說是中日文化交流史上最輝煌業績之一；尤其難得的，是它保存了不少在我國早已散佚的詩論材料，所以特別受到國人重視。至於作為它簡約本的《文筆眼心抄》，知道的人就比較少了。單從書法的角度來看，它的行草寫法流順圓熟，不拘一格；既有「二王」的基礎，又有唐人的氣度，當中更有「章草」的筆意，都顯出空海是個能夠兼採眾長而吸收力極強的書家。

「天縱不謝張伯英」

空海是個能夠兼採眾長的書家，不但在書體方面他擅於行、楷、草各體，而且在書風方面也能多方吸收，靈活變化。就以我們曾經提過的書跡，像《聾瞽指歸》、《風信帖》、《灌頂記》、《上新請來經等目錄表》、《金剛般若經開題》、《急就章》以至《文筆眼心抄》等，當中固然有行、楷、草各種不同的書體，而表現出來的風格也幾乎無一相同。我們只要把《灌頂記》和《上新請來經等目錄表》略作比較，就不大容易令人相信兩者是同出於一人之手的書跡。當然，兩者所以書寫的背景和要求都有不同，實在亦難加以比較。不過，至少可以證明空海的書藝，是多方學習、多方吸收，也是不拘一格的。

《灌頂記》是行中帶楷，《上新請來經等目錄表》則是純粹的楷書，要將兩者平放在一起作比較也許還是不太恰當，但看看其餘的書跡，像《金剛般若經開題》、《急就章》和《文筆眼心抄》等，雖然都屬於草書書體，卻仍然表現出不同的風格。《金剛般若經開題》和《急就章》寫來瀟灑有致，風神俊美，運筆明暢流爽，深得唐人孫過庭、賀知章等人的書風和格局。但《文筆眼心抄》所表現的，卻是另一種草書風格，正如我們曾經指出的，它在「二王」的基礎上兼有唐人的氣度，間中還表現出「章草」的筆致。那是空海較為晚期的作品，正反映出他的草書已具有融會貫通，獨樹一格的成就和技巧。

空海在草書方面的成就是特出的，他的表現在當時已很受稱賞。唐人胡伯崇在《贈釋空海歌》中曾這樣讚譽他:「説四句、演毗尼;凡夫聽者盡歸依。天假吾師多伎術,就中草聖最狂逸。」而在我們所引述過嵯峨天皇的《賞綾羅屏風御制詩》中也有這樣的語句:「深山居住振奇名,冰玉顏容心轉清。世上草書言為聖,天縱不謝張伯英。暫乘雲嶺一念隙,書得綾羅四帖屏。初見筆精鸞鳳體,倩看墨妙虬龍形。高峰墜石未動地,絕澗長松豈揚聲……」兩詩當中所説「天假吾師多伎術,就中草聖最狂逸」和「世上草書言為聖,天縱不謝張伯英」,都是要將空海跟東漢大書家「草聖」張芝來比擬的,可見人們多欣賞他在草書方面的成就。

空海的另類書體

空海的書藝，在學習上是多方吸收，兼採眾長；在表現上則是多方嘗試，各體兼具。除了一般所寫的行書、草書和楷書之外，他也寫過其他的書體，現在仍可看到的像《七祖像贊》中的飛白和《益田池碑銘》中的篆書都是其例。《七祖像贊》中的七祖，指的是佛教真言宗的七位祖師：龍猛、龍智、金剛智、不空金剛、善無畏、一行、惠果。顧名思義，「像贊」就是既有七祖各人的圖像，也分別各有贊語；贊語用的是小字行草書體，圖像旁邊的名字主要是用大字行書書寫。此外，又有「梵號」甚麼、「漢翻」甚麼的提法，像龍猛禪師，即在「梵號」之下用梵文寫上他的法號，「漢翻」之下用漢字寫上「龍猛菩薩」四個字，就是說，龍猛禪師本有梵文的法號，而這四個字就是用漢語翻譯過來的稱法。而這「梵號」、「漢翻」四個大字和「龍猛菩薩」四個略小的漢字書體，用的正是飛白書體的寫法。在空海從唐土攜回日本的文物中，亦有《飛白書一卷》之目，再證諸這個《七祖像贊》的書跡，則空海之能用飛白來書寫，應該是毫無疑問之事。不過，《七祖像贊》中「梵號」、「漢翻」等字的飛白書體，雖然可看出空海曾於此道下過工夫，甚至有人要將之跟武則天《升仙太子碑》的題額相比，但從空海在《七祖像贊》所用的書體配置和布局來看，他似乎重視姿采方面的追求多於書法體式上的變化。換言之，他之要用飛白來書寫，目的似在要寫成「美術字」，而並非刻意去表現他的「飛白」書體。

至於《益田池碑銘》的情況亦復如是，雖然如今所看到的只是摹本而非原跡，但仍可了解到它本來的面目和規模。根據銘文卷末所載，原碑建於天長二年（公元八二五年）。碑銘原題作《大和州益田池碑銘並序》，所用的書體，雖屬於篆書，但卻不是正宗的小篆寫法，字體既不一定曲折渾圓，在横畫與撇捺之間，往往雜以隸書「蠶頭雁尾」的形格，而且在字的結構與線條方面，還刻意多用顫抖雕飾的方法，其造作的痕跡是非常明顯的。説它像篆書，倒不如稱之為「美術字」更為恰當，至多只能稱之為「雜體花篆」而已。事實上，空海之所以要如此寫法，目的恐怕就為了追求字體美術化的趣味罷了。

詩選與武夫詩才

日本「明治維新」時期西學大盛，講求現代化；但漢詩的創作活動，卻不單沒有因此而衰微不振，反而表現得既興旺而又普及。

再談嵯峨賞空海書跡詩

一

從《七祖像贊》中的飛白和《益田池碑銘》中的篆書的確可以看到空海的書藝，肯作多方面的嘗試，力求多樣化的表現。不過，在我們看來，《七祖像贊》中的飛白，其實寫得並非很純粹，在字的點畫之間，諸多巧飾，很清楚看得出他之所以要用這種書體，意在於姿采上的追求，要寫成「美術字」似的，至於《益田池碑銘》的情況也如此，表面看來，它是篆書書體，但稍看清楚，它的點畫撇捺之間，卻有不少隸書體式，而在運筆方面，同樣諸多花巧雕飾，刻意去追求字體美術化的趣味。所以，這兩個書跡上跡近美術化寫法的文字，只能稱得上是空海在行、楷、草以外的「另類書體」。而這兩個留存至今的書跡本身，以言歷史文物，無疑是非常珍貴的，從反映空海的書法面貌、書藝多樣化的表現方面，也應該是深具價值的；但以書論書，它的格調和成就，實在無法跟其行草名跡如《風信帖》、《金剛般若經開題》之類相比擬了。

事實上，空海雖然兼採眾長，各體俱宜，但行草方面的成就是最為特出的。當時的人已特別欣賞他在草書上的表現，我們曾經稱引過的唐人胡伯崇和日本嵯峨天皇，都不約而同寫詩讚譽他的，正是草書方面的成就。而且，胡詩所謂「天假吾師多伎術，就中草聖最狂逸」，嵯峨詩中所謂「世上草書言為聖，天縱不謝張伯英」，亦都不約而同的將空海比擬於東漢大書家「草聖」張芝。張芝承先啟後，既將章草發揮到極致，又開創了今草，是名副其實的「草聖」，要非成就非凡，自然不應隨便把他來作比擬。

胡詩只得四句，所說的還可能只是泛泛之言；但嵯峨天皇所寫的，卻是一首七古長詩，而且內容具體、有針對性。過去我們只將之節錄，現在具列如下：

深山居住振奇名，冰玉顏容心轉清。
世上草書言為聖，天縱不謝張伯英。
暫乘雲嶺一念隙，書得綾羅四帖屏。
初見筆精鸞鳳體，倩看墨妙虬龍形。
高峰墜石未動地，絕澗長松豈揚聲。
亂點乍疑舞鶴起，相連還似旅雁行。
花苑正開春日色，月天遍照秋夜明。
對之觀者目眩曜，共賞草書笑丹青。
絕妙藝能不可測，二王沒後此僧生，
既知風骨無人擬，收置秘府最開情。

二

唐人胡伯崇和日本的嵯峨天皇不約而同地寫詩來稱頌空海的草書，而且同樣把他跟東漢大書家、被譽為「草聖」的張芝相比擬。胡詩《贈釋空海歌》，只有短短的幾句，所寫的可說屬於較為整體性的印象:「說四句，演毗尼，凡夫聽者盡歸依。天假吾師多伎術，就中草聖最狂逸。」詩的上半要表達的，是空海在說佛經和傳揚佛教戒律方面的成功表現，詩的下半要強調的，則是空海書藝尤其在草書上的成就。空海是個僧人，贈之以詩而稱頌他在佛教傳揚方面的成功自然是順理成章、至為恰當之事，但除此之外，在空海非凡的文才與眾多的伎藝之中，只概括地突出他在草書方面的表現，亦足見他的書法在當時人們心目中，早已建立起一個崇高而牢固的地位：是僧人，更是個書家，而且是個擅長草書的書家。

胡詩雖然強調了空海在草書方面的成就，但相對於嵯峨天皇的詩來說，便顯得較為概括性的論斷，嵯峨天皇的《賞綾羅屏風御制詩》，則是在賞覽空海書跡之後而寫成的作品，既具體，也有針對性。嵯峨天皇這首詩寫於弘仁七年（公元八一六年）的夏天，當時天皇命人拿來鑲有彩錦的五尺屏風四帖到高雄山的納涼房。又命空海書寫兩卷古今詩人秀句於屏風之上，空海書罷，還把另一首自作的詩亦寫在其後。嵯峨看到了空海的書法，稱賞驚歎，當下就寫成了這首《御制詩》。

從上文所引的就可看到，嵯峨天皇寫的是首十韻的七古長詩。首六句先說及自己居於深山之中，想到了草書成就不在張芝之下的空海，於是請他來為其四帖屏風作書，這就是所謂「世上草書言為聖，天縱不謝張伯英，暫乘雲嶺一念隙，書得綾羅四帖屏」了。跟着由第七句到十四句，都是對空海書法的具體描述，所謂「初見筆精鸞鳳體，倩看墨妙虬龍形」。是說空海的筆法精細，有如描畫鸞鳳之體態，而字畫之氣勢，則有若虬龍之姿形。「高峰墜石未動地，絕澗長松豈揚聲」，說的則是他的運筆舉重若輕，而輕靈之中不失穩健，有如絕澗之長松。「亂點乍疑舞鶴起，相連還似旅雁行」。是說他點畫之間的斷續多變，斷時如群鶴起舞，續時又似陣雁飛行，都是非常形象、生動的比喻，把空海的書法給活靈活現的描繪出來。

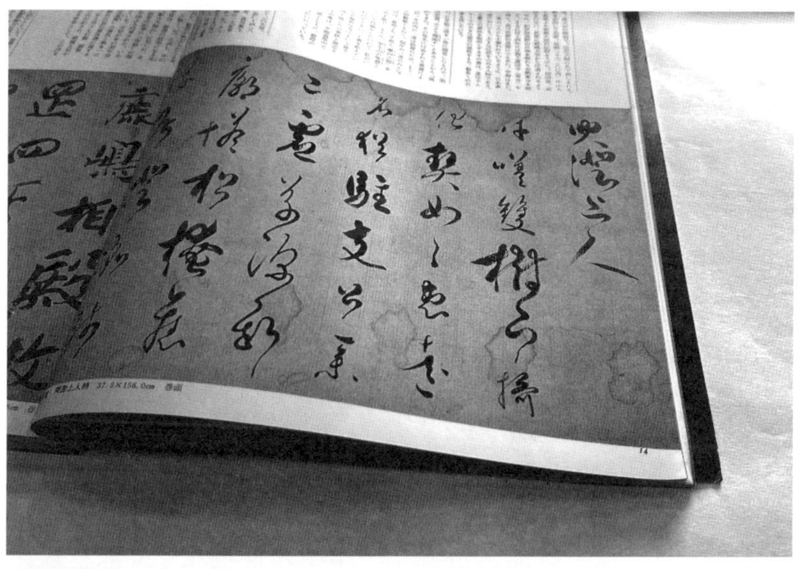

嵯峨天皇《哭澄上詩人》，拍攝自《別冊太陽日本のこころ 33 名筆百選》

談嵯峨的漢詩

一

嵯峨天皇請空海為其四帖的彩錦屏風作書，題上古今詩人秀句，空海書罷還自題一詩於後，讓他賞覽。嵯峨為此，更特意寫成《賞綾羅屏風御制詩》，對空海的書法大加稱賞。全詩雖然有十韻之多，但結構單純，層次也分明。前六句是泛言空海草書的成就，說出自己請他為屏風作書的原因和想法；中間八句則集中描述空海在屏風上所寫書跡的精妙；後六句則寫出嵯峨在賞覽如此精妙書跡所得印象，以及因此面對空海書法成就所作的論斷。從詩的主題而言，全詩的重點自然在於中間的八句，但若從書法發展的角度來看，則前、後兩段所作的論斷又別有其特殊意義，所謂「世上草書言為聖，天縱不謝張伯英」，所謂「絕妙藝能不可測，二王沒後此僧生」，都是極崇高的稱頌，在嵯峨心目中，空海的書藝，足可跟「草聖」張芝相比，也可以步武「二王」的成就和地位。

至於中間八句對空海書法的具體描述，正如我們先前所提過的，比喻生動而形象化，很能將空海書法的神髓給描繪出來。事實上，他用「鸞鳳」形容空海書法的精細，用「虬龍」形容其着墨之多變而具氣勢；又用「高峰墜石未動地，絕澗長松豈揚聲」來形容其筆力萬鈞之中卻潛藏而不着痕跡；用「舞鶴」、「旅雁」來形容其筆畫的如斷似續，變化多姿，用春日正開的「花苑」、秋夜遍照的「月天」來形容空海書法的色彩和光輝等等，都可看出嵯峨天皇的描述精采，用辭豐富；他不但對書法有很高的鑑賞能力，對漢詩的創作也造詣極深。

嵯峨天皇不似空海，他從沒有踏足唐土，無法親歷當時的上國衣冠文物之盛，跟中土的文人士子也極少交往，加上他貴為一國之君，本來就不易在文學藝術上有出色的表現，但他卻極之仰慕唐風，醉心中國文化；不但工於書法，是所謂「平安三筆」之一，而且還酷愛漢詩漢文，而漢詩的成就，更為後世所稱頌。他留下來的漢詩作品，比空海還多，其詩才亦在時流之上，我們所舉他這篇《賞綾羅屏風》賞覽空海書跡的「御制詩」，只是他眾多名作之一而已。

二

嵯峨天皇在觀賞過空海為其四帖彩錦屏風所寫的書法而題詠的《賞綾羅屏風御制詩》，不但表現出他對書法有很高的鑑賞能力，也反映出他對漢詩的創作也有極深的造詣。事實上，這只是他眾多的名作之一，在日本漢文學的發展史上，嵯峨天皇漢詩的成就是非常特出的。

嵯峨天皇（公元七八六年至八四二年）於大同四年（公元八零九年）受平城天皇之禪而即位，於弘仁十四年（公元八二三年）讓位與淳和天皇，在位十四年。他在世的年代，相當於中國的唐德宗貞元三年至武宗會昌二年，也就是文學史上一般所說的中唐時期。那時候，唐詩已經發展得非常燦爛、成熟，嵯峨雖然從未踏足中土，但他深受其時詩風的影響，卻是毫無疑問的。

嵯峨對漢文學尤其是漢詩在日本發展的貢獻，首先值得一提的還倒不是他在創作實踐方面的表現，而是他以帝王之尊的大力提倡與推揚。他是桓武天皇的第二子，本來就一直受到崇尚漢文化氣氛的薰陶，加上他自己「天資好文，睿才神敏」(見日人江村北海《日本詩史》中對嵯峨的評語。江村為京都人，《日本詩史》為漢文寫成的著作，出版於江户時代的明和年間即公元一七七一年左右)，所以特別醉心中國文化，酷愛漢詩漢文，尤其難得的，是他除了個人的創作活動外，還致力於倡導漢詩的風氣，重視漢詩的編纂工作。日本最早的漢詩集雖然是出現於嵯峨之前數十年的《懷風藻》，但較為具規模而又屬於帝王敕撰的漢詩集，卻由嵯峨開始。日本漢文學歷史中有名的所謂「敕撰三集」，其中兩集即《凌雲集》和《文華秀麗集》都在嵯峨天皇的弘仁年間問世，至於另一敕撰的《經國集》，雖然編成於淳和天皇期間，其實亦僅晚於《文華秀麗集》數年而已，説它跟嵯峨編撰旨意有關，亦不為過。

嵯峨所作的漢詩，現在存下來的共有九十八首，除四首散見他書外，其餘都見錄於「敕撰三集」之中，計《凌雲集》廿二首，《文華秀麗集》三十四首、《經國集》三十八首，作品稱得上是豐富的。

敕撰三集

一

嵯峨天皇對漢詩在日本發展的貢獻，不單在其本身的勤於創作，作品豐富，還在於他對漢詩的大力提倡與推揚，造成興旺的風氣。嵯峨一生所作的漢詩很多，即使留存至今的，仍有九十八首，除四首散見他書外，其餘都見錄於「敕撰三集」之中。這個數字，遠比曾留學唐土、寫成曠世名著《文鏡秘府論》的空海為多，空海留存至今的漢詩，僅四十七首而已。至於說嵯峨對漢詩的倡導與推揚，主要是指他以帝王之尊，跟一班文學侍臣、學問僧人之間的唱酬和創作活動，形成了以漢詩為中心的文學集團，同時也指他重視漢詩的編纂工作。「敕撰三集」的編纂和完成，固然反映了當時平安朝前期詩壇的興旺隆盛，也顯示出嵯峨在積極開展漢文學風氣方面的具體表現和成果。事實上，在日本文學的發展史上，在此之前既無敕撰詩集之舉，在此後亦無敕撰漢詩集的出現，所以稱得上是空前絕後的了。至於編成於醍醐天皇（公元八九七年至九三零年）年間的《古今和歌集》，晚於「敕撰三集」的《凌雲集》有九十餘年，雖也是「敕撰」，但卻是日本的「和歌」，而非漢詩。從這層意義上說，「敕撰三集」仍算是「絕後」的。

「敕撰三集」中，《凌雲集》和《文華秀麗集》都編於嵯峨在位期間，《經國集》則成於嵯峨讓位後的一兩年，所以說，其實三集都跟嵯峨關係非常密切。《凌雲集》，編於弘仁五年（公元八一四年），照序文所述，原名《凌雲新集》，取名所本，大抵出於杜甫《戲為六絕句》的「庾信文章老更成，凌雲健筆意縱橫」或更早時江淹《別賦》的「賦有凌雲之稱，辨有雕龍之意」，都有健筆縱橫，文意超卓的涵義。全集收錄作者廿三人，作品九十首，以嵯峨的廿二首為最多。《文華秀麗集》編於弘仁九年（公元八一八年），收錄作者廿六人，作品一百四十八首，仍以嵯峨詩作的三十四首為最多。是書有兩個特點，一是詩作以「遊覽」、「宴集」等分為十一個類別；二是作者悉依唐風，人名改為用三個漢字來標示，如將小野岑守、勇山文繼、滋野貞主、良岑安世、巨勢識人分別改為野岑守、勇文繼、滋貞主、良安世、巨識人等。把人名由本來的四個字改為三個，表面看來，似是形式上的改動而已，但其實亦可反映出其時日人對唐風的傾慕，已到了無微不至的地步。

二

「敕撰三集」除了《凌雲集》和《文華秀麗集》之外，便是《經國集》。《經國集》編成於嵯峨天皇御弟淳和天皇的天長四年（公元八二七年），但其實只後於《凌雲集》十三年、後於《文華秀麗集》九年，距嵯峨天皇退位也僅三兩年而已。所以，三本敕撰的詩集跟嵯峨的關係最為密切。事實上，詩集之所以有「奉敕編撰」，固然是出於嵯峨的主意，而「敕撰三集」中所錄的詩作，亦以嵯峨為最多。

《經國集》之取名，顯然是本於曹丕《典論論文》「蓋文章者，經國之大業，不朽之盛事」而來。曹丕這句話，在《凌雲集》序文一起首便開宗明義的加以引述，足見嵯峨和他的一班文學侍臣對於曹丕主張文學作品有其本身獨立價值的想法，有相當深刻的體會，而《經國集》如此命名，一方面當然亦是贊同曹氏的見解，另一方面也有承接着《凌雲集》的用意。《經國集》序中有所謂「魏文典論之智，經國而無窮」，與及「彼所漏脱，今用兼收」等説法，就是這兩個方面的具體説明。

《經國集》跟《凌雲集》和《文華秀麗集》所選的作者，大致以相同的時代為中心，但《經國集》收錄的，有更前的，也有稍後的，時間的跨度較大，作者的數目也因而較多，照其序文所述，共有一百七十八人。另一方面，《經國集》與先前兩集最大的不同，是它所選的作品，不以漢詩為限，除詩作九百一十七首外，尚收錄賦十七首、序五十一首、對策三十八首，可説是本詩文合集，卷帙也堪稱繁富。

至於《經國集》的體例，亦採《文華秀麗集》的方式，以分門別類來編次。而作者的名字，也跟《文華秀麗集》相同，倣效唐人的習慣，把原屬四字的改為三字，如滋貞主（滋野貞主）、野岑守（小野岑守）、淡三船（淡海三船）等就是。正如上文所提及的，這小小的改動，是可反映出其時日人對唐風傾慕的深致。

《和詩選》

一

暑中有暇，隨便翻翻些跟日本漢文學有關的書籍，偶於篋笥中看到了一本年前購藏的《和詩選》，也許值得拿來談談。

中日之間的文化交流雖然歷史悠久，漢文學在日本的影響也非常深遠，但國人作系統性研究日本漢文學發展的著述很少，對日人漢詩、漢文作品選集的出版也不太多。所以，儘管一些選本在編纂上未必很理想，但也值得注意一下。

手邊的這本《和詩選》，是本線裝的本子。嚴格來說，書名應該稱為《日本漢詩選》或《和人漢詩選》，因為照日本的習慣稱法，有「漢詩」、有「和歌」，是兩個不同的範疇，卻沒有「和詩」一類的作品。名之為《和詩選》，大抵只為了省便的叫法而已。

這本《和詩選》，編者名王長春，書名的題簽者叫譚澤闓，但不知在哪裏出版，書底扉頁寫上民國三十一年十二月時印刷和發行。印刷者是「華中印書局」。當時抗日戰爭正酣，而此書尚算印刷精美，能夠得以出版印行，實屬不易。

《和詩選》書前有八條簡單的〈選輯例言〉，也有編者王長春所寫一篇精簡的〈和詩選序〉。其編輯體例，「例言」說得很清楚：「係以七律七絕冠首，次為五律五絕，至古體各篇則列於最後。」而照序文所述，編者沒有嚴格的編選準則，但求個人的喜愛而已，他說：「余不能詩，然古今人佳作，輒喜手自錄存，以供暇時展誦。十年以來，稍稍涉獵扶桑人士所作，得知彼邦之工於此道者代不乏人。而其寓意遙深者，直可媲美唐宋，上追漢魏。爰就性之所喜，先後選錄若干，為一集，私淑李攀龍先生《唐詩選》意，以《和詩選》命名，其旨在適於個人閱讀，不求體例精嚴。」

除了例言和序文之外，全書所選的詩作，時代無分古今，作者也不限是否名家。無論作品內容與作者生平，都完全沒有片言隻語的介紹，甚至作者是甚麼時代的人物，亦不見註明。因此，除了欣賞詩作本身以外，讀者想進一步了解多些有關資料，並無幫助；對於那些較少涉獵日本漢文學發展的朋友來說，更會感到一定的困難。

二

王長春氏編的這本《和詩選》，所選錄的作品內容是相當豐富的，所涉及的作者人數也不少，而所涵蓋的時間跨度也很大。可惜的是，全書對於日本漢詩的發展，既沒有概述，對於作品的內容，也沒有任何分析或說明。對於作者的生平行事，亦不見最簡單的介紹，甚至是個甚麼時代的人物，都不加註明。至於所選作品，源自何書，本於何集，亦一概沒有交代。這對於想對日本漢詩有個較為整體而概括的認識，固然為助不大；就是對於個別詩作的創作動機、背景以至內容本身想有個較為深入的了解，也無所取材。這種方式，大抵跟編者「其旨在適於個人閱讀，不求體例精嚴」的想法有關。事實上，像〈選輯例言〉中所謂「本編十年來隨見隨錄，並不限於名家之作，亦不限於作者時代之先後，至於盧前王後，尤無軒輊」的這種做法，亦正是編者旨意的具體體現，不過，一般詩文選集卻是很少如此隨意安排的。

《和詩選》以詩的體裁來編次，最先是七律七絕，跟着是五律五絕，最後則是古體。但在某一體裁之內，就沒有甚麼先後的準則，古今作者之中，有今在前而古在後的，的確不能不令人相信這是編者「十年來隨見隨錄」的一本選集。

儘管這本選集在編纂上並不太理想，在參考資料方面也付闕如，但它選錄的對象比較廣闊，作者所處的時代也不集中，歷時很長，有公元七、八世紀的著名詩人如阿部仲麿、菅原道真等人，也有近世的西鄉隆盛、竹添光鴻、鈴木虎雄等人。較為難得的是輯錄了頗多明治以後近人的作品，這是國人所編的選本一般較少見的。這些人物，有些不太熟悉，有些並非詩人，但從他們的詩作，可以看到日本漢詩的新題材、新面貌。

另外，照〈選輯例言〉所述，編者還「因日詩人津阪孝綽有《唐詩百絕》之選，故於本編之外，曾倣其意選有《和詩百絕》」，而「日本皇室御製各詩當另印《日本天皇御製詩集》」，可惜個人孤陋寡聞，從未見過此二書，其大雅君子，倘有任何相關消息，請有以教我。

三

照《和詩選》〈選輯例言〉中所述，王長春氏曾倣效日詩人津阪孝綽編選《唐詩百絕》的方式而別編有《和詩百絕》，於日本皇室御製各詩又當另行編印《日本天皇御製詩集》；而其中所選錄的詩篇都不會與《和詩選》相重複。換言之，《和詩百絕》和《日本天皇御製詩集》應該是《和詩選》的姊妹編，可惜個人從未見過此二書，否則，對於編者選詩的準則以及其間所選的作品，應該有個較為整體性的印象和了解。

《和詩選》所選的作品、時間的跨度頗大，作者所處的時代，並不集中。有遠至公元七、八世紀我國盛唐年代的，也有近至跟編者同時並世的。若從篇數而論，它選錄了較多明治以後近人的作品，是較為難得的，也可算它的一個特色。因為日本近世的漢詩作品，國人介紹的比較少，有這麼樣的一個選集，給我們提供了若干的方便。讓我們讀到了一些不那麼容易看到的詩篇。

像「明治維新」時期，照一般人的理解，日本「明治維新」是個西化的改革運動，新觀念、新事物的大量湧入，一些舊有的、老傳統的東西，不是被唾棄淘汰，至少也受到忽視，漢詩、漢文自傳入日本，以至生根、發展，已歷時過千年，如今在現代化的浪潮之下，理應衰微不振，沒多少人理會，但事實剛好相反，日本漢詩最興旺、最普及的年代，竟是西學大盛的「明治維新」時期，不但文人士子，酬唱吟詠，結成詩社，就是其他界別的人物，如政客、官僚、學者、社會活動家，甚至商販、軍人，往往都有漢詩的寫作，《和詩選》即選有不少這

方面的作品。如西鄉隆盛，是個明治時期烜赫一時的政治家、軍人，本來並不以漢詩鳴，但書中亦選錄其若干作品，這些作品，雖非特別有文采，但總可反映其真性格，表現其真性情，如《辛未作》[1]：「朝蒙恩遇夕焚坑，人世浮沉似晦明。縱不回光葵向日，若無開運意推誠。洛陽知己皆為鬼，南嶼俘囚獨竊生。生死何疑天付與，願留魂魄護皇城。」如果對西鄉隆盛生平的志業有若干了解，就會明白詩中所述的，確然屬於「言志」之作。

1　此詩原題《沖永良部島謫居中作》，乃作者於文久二年（1862 年）閏 8 月被貶謫至沖永良部島時作，若以干支時，應當是壬戌年。《和詩選》編者將之作「辛未作」，誤。

西鄉隆盛的漢詩

日本「明治維新」是個西化的改革運動，新觀念和新生事物的不斷湧入，使日本人的世界觀、價值觀以至日常生活都發生了很大的變化，對向來受中國文化影響甚深的日本傳統亦自然造成了莫大的衝擊。在這種背景之下，漢文學的創作活動理應衰微不振，至少也該受到忽視，但奇怪的是，由幕府倒台的所謂「幕末」時期到中日甲午戰爭為止，漢文學特別是漢詩的創作，卻依然極為興旺，作者也不限於文人士子，還包括了其他界別的人物，可説是相當普及的。像我們提過的西鄉隆盛，他雖然在九州南部的薩摩藩（鹿兒島）曾受學於當時的藩儒鮫島白鶴，但他畢竟是個著名的政治家和軍人，可是他仍頗喜歡寫漢詩，詩中也往往聯繫時事，表現出他的真性情。

我們知道，西鄉隆盛是幕末至明治維新初期的倒幕派武士代表，與大久保利通、木戶孝允是所謂「維新三傑」之一。其後又因為堅持激進的「征韓論」而與在位的大久保利通不和，憤而退隱家鄉，終而因發動反政府的「西南戰爭」失敗而剖腹自殺，終其一生，或上或落，既經顯貴，也曾坐牢、流放，充滿傳奇，最後雖然自殺身死，但畢生功業，仍受到廣大民眾的敬仰，如今東京的上野公園即有他的一座銅像在那裏矗立着。

西鄉隆盛的性格剛毅率直，對事物的愛憎分明，所以反映到其詩作上去的，也相當真切。如上次提及的《辛未作》應是《沖永良部島謫居中作》中所謂「朝蒙恩遇夕焚坑，人世浮沉似晦明」、「洛陽知己皆為鬼，南嶼俘囚獨竊生」，都是他在政海浮沉中的真實寫照，而「生死何疑天付與，願留魂魄護皇城」，亦顯示他的一片深衷和志節。

除了《辛未作》外，《和詩選》還選了他的一些表明心跡之作，如《偶成》:「大聲呼酒坐高樓，豪氣能呑五大洲，一寸丹心三尺劍，握拳先試佞人頭。」又如《逸題》:「我有千絲髮，毿毿黑如漆。我有一寸心，皓皓白於雪。我髮猶可斷，我心不可截。」這些詩句，除了表現他的豪情壯志和俠義的肝膽之外，也的確反映出一代政治家堅貞自守的氣度，這是徒事吟風弄月、感懷自傷的文人所沒有的情操。

乃木和他的漢詩

一

日本「明治維新」時期西學大盛，講求現代化；但漢詩的創作活動，卻不單沒有因此而衰微不振，反而表現得既興旺而又普及。當時除了一些文人士子結成詩社，出版詩集之外，其他方面的人物如政客、官僚、學者以至商販、軍人等，往往都有漢詩作品的發表。而其作品的題材與內容，亦大都與其身份、背景相稱，喜歡聯繫時事，反映現實。如我們所提過的西鄉隆盛，本來就是「明治維新」的三傑之一，是日本近世著名的政治家，其生平事跡亦富有傳奇性，但他的詩作，同樣表現出一種特殊的風格，很有政治家堅貞自守、不屈不撓的氣度。

又如乃木希典，原是明治時代最負盛名的軍人，位至陸軍大將。曾參加中日甲午之戰，又曾出任「台灣總督」，且在日俄戰爭之中，率軍攻克旅順，戰功彪炳。不過，他卻是個相當愚忠的人物，在明治天皇下葬之日，竟與其妻子雙雙剖腹殉死，以示對天皇的「盡忠」。這樣的一個人物和行徑，對其後日本軍國主義的發展，起了推波助瀾的作用。然而，他除了驍勇善戰之外，也能寫作漢詩，可見當時漢詩寫作的風氣，是如何的普及了。我們姑且舉他所作的一首《金州城作》為例，以見其格局：「山川草木轉荒涼，十里腥風新戰場；征馬不前人不語，金州城外立斜陽。」詩作並沒有很動人的文采，但多少顯出了作者在戰場上真切的感受。

至於乃木夫婦雙雙殉死一事，當時在日本是既轟動而又廣受稱譽的，不少人甚至寫詩寫文，褒揚其忠烈。王長春編的《和詩選》中即選錄了數首跟此事有關的詩，如永松木長的《聞乃木大將忠死感激不能措乃賦此表痛惜之意》:「二子全忠妻死貞，一家高節護皇城。勤王志氣風霜勁，報國勳功日月明。曠代赤誠垂士範，千秋青史有英名。人天上下感多少，彷彿如聞慟哭聲。」又如大岡二郎的《輓乃木將軍》:「絕倫勇武破強秦，振古功名輕似塵。共殉先皇夫與婦，千秋忠烈泣神人。」對於如此愚忠的人物作了這樣的褒揚和渲染，無疑是鼓勵了其後日本軍國主義的發展。在當時來說，應該屬於不祥之兆。

二

日本明治時期最負盛名的軍人乃木希典大將，雖然是一介武夫，但漢詩還算是寫得像樣的，可見其時漢詩作者的普及，已非文人專利，也可見尚武未必不能文，只是所寫的題材，難免不與爭戰殺戮有關連而已。我們前面所舉他《金州城作》所謂「山川草木轉荒涼，十里腥風新戰場，征馬不前人不語，金州城外立斜陽」的詩句，已經較為含蓄地去反映戰場的慘烈情狀，表現的手法亦頗見詩意，比起別有一些武夫的真切寫法，應該是不錯的了。像日本戰國時的大名（諸侯）武田信玄，也是日本史上的名將，他曾寫過題為《偶作》的這樣一首漢詩：「鏖殺江南十萬兵，腰間一劍血猶腥，豎僧不識山川主，向我慇懃問姓名。」兩相比較，雖然都有「腥風」、「血猶腥」等血腥味道濃重的字眼，但後者更見殺氣騰騰、霸意十足，這麼樣的詩作，雖然從格律、用字等無論那一方面來説，都不能説它不是「漢詩」，但與我國傳統所謂「溫柔敦厚」的「詩教」，實在相去太遠了。

另一方面，乃木希典曾先後經歷中日甲午之役和發生在中國的日俄戰爭，又曾擔任過「台灣總督」，對我們中國人來説，他可説是日本侵華戰爭的急先鋒，但對日本人來説，他的戰功卻普受肯定；不過，當時日本人對他的歌頌和褒揚，戰場上的表現還在其次，他跟其妻靜子在明治天皇下葬之日雙雙剖腹殉死的舉措，才受到更大、更高的崇敬。從我們上文所舉時人悼念他的兩首詩作，就可反映出他的「忠魂」是如何的受到稱頌了。不過，對這種「愚忠」作如此的傳揚和渲染，實在為其後日本軍國主義的發展和一連串悲劇的發生，起着推波助瀾的作用。所以説，這類詩作，屬於不祥之兆。

事實上，乃木希典夫婦雙雙剖腹自殺、為天皇殉死，是有其特定的時代背景，也有其較為複雜的歷史文化因素。他倆的行動，應該不是孤立的。這一方面固然實踐了因為幕府被打倒以後，為了強化天皇制而提倡「忠君愛國」、「忠孝一體」之類的道德規範，另一方面也是日本傳統「武士道」精神的具體表現。同時他們的自殺，也關係到日本人的價值觀和對生死問題的看法。

歌頌「雙殉」的漢詩

一

對於日本明治時期的武將乃木希典在明治天皇下葬之日跟其妻子雙雙剖腹殉死一事，儘管我們認為他的做法跡近愚忠，對其後日本軍國主義的發展也起了推波助瀾的作用，但在日本人心目中，他卻是個曠代的名將，尤其在當時，日本人「忠君愛國」的意識高漲，所以，一般都認為乃木夫婦的殉死，是忠義節烈之舉，大加表揚，不少人甚至寫詩寫文，予以稱頌。像我們曾經舉過的詩篇，其中如永松木長《聞乃木大將忠死感激不能措乃賦此表痛惜之意》和大岡二郎《輓乃木將軍》等詩句，都是把乃木的忠義作極度的推揚，對他的稱頌幾乎到了無以復加的地步。

對於這些稱頌，我們未必認同，但以詩論詩，寫來還是像個樣的。但卻別有一些作品，則只知一味的頌揚，在修辭用語方面缺乏詩意，可説無甚足觀。像有個名叫杉浦重剛的人，寫了篇《弔乃木將軍》:「赤誠熱血存餘瀝，松下遺風傳不言，心事明明還白白，神州正氣賴君尊」，從格律看，不能説它不是「漢詩」，但辭淺意露，更無詩味之可言。記得早年曾經看過一本漢詩集，作者是日本人，寫序者也是日本人，但已記不起是誰人的作品，也忘記了寫序的是誰人；不過，卻清楚記得序中告誡日本人寫漢詩時應該盡量避免有「日東語言氣習」，像

「心事明明還白白」之類的詩句，大抵算得上是「日東語言氣習」吧。

另一方面，對於夫婦「雙殉」的行為，當時的確是予以肯定和推揚的，除了上面所舉稱頌乃木的漢詩外，竹添光鴻也寫過一首《雙殉行》:「戰雲壓城城欲壞，腹背受敵我軍敗。聯隊旗兮臣所掌，為賊所奪臣罪大，旅順巨礮千雷轟，骨碎肉飛血雨腥。二萬子弟為吾死，吾何面目見父兄。青山馳道連朱闕，萬國衣冠儼成列。靈輿肅肅牛步遲，金輪徐輾聲如咽。弔礮一響臣事終，刺腹絕喉何從容。旁有蛾眉端坐伏，白刃三刺纖手紅。遺書固封墨痕濕，責躬誡世情尤急。言言都是熱腸迸：鬼哭神恫天亦泣。嗚呼以身殉君臣節堅，舍生從夫婦道全。忠魂貞靈長不散，千秋萬古侍桃山。」

二

竹添光鴻是明治時期著名的漢詩人，字漸卿，號井井。早年曾隨日本駐華公使森有禮出使中國，後又出任日本駐天津總領事、駐朝鮮公使，在晚清的中日關係史上，雖然知名度不太高，但也是個活躍的人物。其後就任東京大學教授，晚年更專心從事著述，也可以說是個仕而優則學的學者。

竹添光鴻的漢詩，師承他的父親，一般而言，表現也算中規中矩，往往別有思致，如《定軍山》:「灑淚更番過湊河，定軍山下復滂沱，讀書未是人生福，到處難禁感慨多。」雖然辭采無甚足觀，但詩還是表現一點新意。不過，前文所引他的

《雙殉行》，大抵限於題材的關係，寫來縱然頗費氣力，但在我們看來，卻不見得有特別動人之處。

本來，男女或夫婦的雙雙殉死，大部分都跟感情有關，如果要寫詩來歌頌的，就更是羅密歐、茱麗葉之類的堅貞愛情故事，然而，日本人所表揚的，卻是乃木希典式那麼樣的「雙殉」行為。照竹添光鴻《雙殉行》詩中所寫，主人翁的「雙殉」，原因只為了戰爭失利之故，所謂「聯隊旗兮臣所掌，為賊所奪臣罪大」、「一萬子弟為吾死，吾何面目見父兄」，在這種情形下，本來應該奮戰到底，以致血灑沙場，或僅是引刀自盡而已。然而，這裏除了「弔礮一響臣事終，刺腹絕喉何從容」之外，卻還見「旁有蛾眉端坐伏，白刃三刺纖手紅」，演成夫婦為國雙殉的結局。「白刃三刺纖手紅」寫得雖然深刻，但卻使人感到她的無辜。至於詩的末尾所謂「言言都是熱腸迸，鬼哭神恫天亦泣。嗚呼以身殉君臣節堅，舍生從夫婦道全」，鼓吹的則是「夫為君而死，婦為夫而亡」的「忠義」行為，可說是包含着相當濃厚的封建意識。

這方面，正如我們提過的，固然跟為了強化天皇制而提倡「忠君愛國」、「忠孝一體」之類的道德規範有關，另一方面也關係到日本人的世界觀和對生死問題的看法。

日本人對於生死問題，是有一套特殊哲學的。

再談乃木的戰事詩

竹添光鴻的《雙殉行》，寫的雖然是夫婦雙殉的行為，鼓吹的卻是「以身殉君臣節堅，舍生從夫婦道全」的所謂「忠義節烈」思想，而這個主題背後的場景則是日俄戰爭中的旅順之役，這是決定日俄戰爭勝負關鍵的戰役，也是過程極為慘烈的一役，日本雖然最後是勝利者，但當中也付出了沉重的代價。在攻擊俄人經營了八年，並被視為俄國在遠東最堅強的旅順要塞之時，日軍也曾數度失敗，傷亡慘重，詩中所描述的，正是以日軍敗戰為背景，詩作的宗旨，在歌頌夫婦「雙殉」的「忠義」之餘，相信亦當含有激勵士氣的作用。

提及日俄旅順之役，自然不能不一提乃木希典，當時他任第三軍司令，負責強攻旅順要塞。其實除了他之外，他的長子勝典、次子保典也在軍團之中，只是不在第三軍而已。而父子三人在出征前夕，都抱戰死沙場以酬天皇的決心，還帶備了棺木，聲稱「三典同葬」。結果，他的長子勝典即在進攻旅順外圍金州北門之時戰死，我們曾經引述過他的一首《金州城作》：「山川草木轉荒涼，十里腥風新戰場，征馬不前人不語，金州城外立斜陽。」詩中除了運用較為含蓄的語調去反映戰場曾經發生過慘烈的戰鬥之外，其實亦在悼念他的長子，心情顯得較為沉重。事實上，發生在公元一九零四年的日俄戰爭不是乃木希典第一場在旅順參加的戰鬥，早在公元一八九四年的中日甲午之戰，乃木希典當時還只是個少將，但卻是個進攻旅順的先鋒，由金州登陸。在接到命令之時，他心情興奮，當即寫下這樣的一首漢詩：「肥馬大刀尚未酬，皇恩空浴幾春秋，斗瓢傾盡醉餘夢，踏破支那四百州。」詩中表現出他的志高意滿，囂張狂妄，與後來長子戰死於金州之所作，其內心深處的感受顯然大有不同。

日俄旅順一役雖然日本方面得到最後的勝利，但付出的代價的確非同小可，無怪乎即以乃木的高傲自大，也寫出了這樣的詩句：「皇師百萬征強虜，野戰攻城屍作山，愧我何顏見父老，凱旋今日幾人還。」（《凱旋》）最後兩句，道出了戰事的慘烈，但也是實錄。

再談關於乃木的詩

日俄旅順一役日本方面雖然得到最後勝利，但戰況激烈，傷亡慘重，所付出的代價非常高。作為陸軍大將的乃木希典，除了他的長子勝典先在大連東北的金州戰死之外，他的次子保典也在戰爭的最後階段陣亡，此外，還因為他採不顧傷亡的強攻策略，務要取下旅順為止，以致犧牲極大。所以，他凱旋歸國，雖然受到英雄式的歡迎，備受在上者的稱頌，但亦遭到不少陣亡者家屬的指斥，引起厭戰者的憤慨。他所寫那首《凱旋》中所謂「野戰攻城屍作山」，以及「愧我何顏見父老，凱旋今日幾人還」，除了道出了戰爭的慘烈之外，也實在是當時的實錄。而竹添光鴻《雙殉行》詩中所謂「旅順巨礮千雷轟，骨碎肉飛血雨腥，二萬子弟為吾死，吾何面目見父兄」，指的亦正是同一回事。

乃木希典在旅順一役因傷亡慘重而告捷之後寫出了表示愧對父老的詩句，不管是否有其真意，但因為他的兩個兒子都先後在此役戰死，其內心的空虛可想而知，「凱旋今日幾人還」亦可說是他本身的寫照，感受應該是真切的。

至於《雙殉行》中，除了描述乃木在旅順一役的情況外，還提及他在日本「西南戰爭」和西鄉隆盛叛軍作戰的故事，在那一役中，他曾因軍旗被奪，感到極大的恥辱，認為應該引刀自盡，以符合武士道精神，詩中所謂「聯隊旗兮臣所掌，為賊所奪臣罪大」，即指此事。結果，他雖然拿出了白刃想自殺，但卻為部下切諫而止，沒有死去，不過，這樣子連軍旗也保護不了卻又死不掉，成了他終生的一樁憾事。其後他轉戰多年，立功不少，到頭來還得在明治天皇下葬之日自殺殉死，其實亦有完成其一生未了之心願的意圖。而明治天皇一直對他的知遇之恩，當然也是他為之殉死的原因之一。

乃木夫婦的雙殉而死，當時是極為轟動的，《雙殉行》中所謂「弔砲一響臣事終，刺腹絕喉何從容，旁有蛾眉端坐伏，白刃三刺纖手紅」，令日本人更感到乃木除了赫赫戰功外，還具忠節、仁勇、貞烈等等古代武將的典型，因而將之奉為「軍神」。

由《雙殉行》談起

竹添光鴻所寫的《雙殉行》，歌詠了乃木希典夫婦雙雙為明治天皇殉死的事情，鼓吹了「以身殉君臣節堅，舍生從夫婦道全」的「忠義」思想，在我們看來，並不太能接受，對《雙殉行》這首詩本身，也不會特別欣賞，一方面固然因為事件與我們毫無關連，其行徑亦含有濃厚的「愚忠」成分。另一方面，也因為乃木不單先後參加了甲午、日俄兩場在旅順的激烈戰鬥，而且還是日軍侵華的急先鋒，自然對之毫無好感，他的「雙殉」無論當時如何哄動感人，也引不起我們的共鳴。

不過，從日本人的角度來看，感受便會大為不同，他們對乃木的先後領軍打敗向來是強鄰的中、俄兩大帝國，提高了日本的國際地位和聲望，強化了日本民眾的國家意識，早已崇敬拜服，稱之為「英雄」，加上他的兩個兒子都同在日俄旅順一役殉國，更引起人們對他的同情和感動，如今，他夫婦二人又「從容」地盡其「忠義」，為天皇而殉死，就更令日本人感到乃木的「忠節、武勇、仁慈、廉潔、誠實」，完全是古武士武將的典型，因而奉之為「軍神」。在這種背景之下，日本人對《雙殉行》的認同和接受程度，自然跟我們不可同日而語。不過，以詩論詩，《雙殉行》已經算較為平實，比起其他詩作之以所謂「曠代赤誠垂士範，千秋青史有英名」、「千秋忠烈泣神人」來稱頌乃木的殉死，竹添光鴻已稍為傾向於用史家之筆了。

說他稍為傾向於用史家之筆，並非說他對乃木夫婦的「雙殉」行為有甚麼批判、論述，事實上，他在當時的背景之下，對乃木基本上還是稱頌的，只是說他在詩中較少灌注個人的感情而已。我們試看竹添光鴻的其他詩作，個人的感情蘊含得就比較豐富。像我們先前舉過他的一首《定軍山》，雖然也跟史事有關，但個人的感情就比較多了。《定軍山》又名《武侯基》或《謁諸葛武侯基》，原詩是這樣的：「灑淚幾回過湊河，定軍山下又滂沱，讀書未是人生福，到處難禁感慨多。」雖然只是短短的四句，而且連繫着古人、史事，但個人的感情還是滿溢着的。

談竹添的《定軍山》詩

由《雙殉行》談到竹添光鴻的另一首詩《定軍山》，我們認為，儘管《雙殉行》在當時特定的時代背景下，竹添氏難免對乃木希典跡近「愚忠」的雙殉行為加以稱頌，但比起同一題材的其他詩作，已經稍為傾向於運用史家之筆，而較少灌注個人的感情了。與之不同的，《定軍山》雖只有短短四句，而且同樣以歷史人物作題材，但卻蘊含着較豐富的個人感情。也許，一者在懷古、一者在述今，因而有此差異吧。

《定軍山》又名《武侯墓》或《謁諸葛武侯墓》，是作者在中國遊歷途經定軍山謁諸葛亮墓後有所感而作，定軍山在陝西省沔縣東南，是孔明下葬之地。詩以「灑淚幾回過湊河」起首，來襯托出跟着的一句「定軍山下又滂沱」。就是說：自己不知多少次了，每逢經過湊河的時候，總不免淚灑跟前；如今來到了定軍山下，竟又淚如雨水，滂沱而下。湊河，即湊川；是日本神戶市中部向南流的一條河川，在日本南北朝時代的建武三年（公元一三三六年）曾有過史上著名的所謂「湊川之戰」，指的就是以這條河川流經的兵庫縣神戶市附近所發生的一場戰役，當時是反叛的足利尊氏與擁護後醍醐天皇的楠木正成決戰，結果楠木戰敗，自刃而死。楠木正成是日本史上的名將，雖然終不免敗戰而死，但其堅毅奮戰的精神，卻深受日本人的愛戴，亦是他們心目中的「軍神」之一。如今神戶車站前的湊川神社，便是為了紀念楠木而興建的。竹添光鴻過湊河時灑淚，其實就是在湊川的楠木墓前，為楠木而深表惋惜、傷感，而所謂「定軍山下又滂沱」，則在替諸葛亮的未竟全功而下淚，杜甫所謂「出師未捷身先死，長使英雄淚滿襟」，相信就是竹添之所以「滂沱」的原因所在。至於由謁諸葛亮墓而聯想到楠木，又把兩者相提並論，就顯見在竹添心目中，這兩人在畢生的戰功上，縱然都有遺憾，但仍該算得上是個值得稱頌的英雄人物，只是愈了解他們的經歷、事跡，則愈是易於引發出自己的感慨而已。所謂「讀書未是人生福（一作人生勿作讀書子），到處難禁（一作不勝）感慨多。」竹添的感受，是相當深刻的。

關於竹添光鴻

《雙殉行》和《定軍山》的作者竹添光鴻（公元一八四二年至一九一七年）是日本明治期間既從政亦從學的讀書人，他的從政活動，主要都跟中國有關，他先是於明治八年（公元一八七五年）隨森有禮出使中國，其後又曾任駐天津總領事、朝鮮公使，在朝鮮公使任內，曾與袁世凱交過手，從日本人的立場看，他在處理朝鮮的問題方面，雖然頗努力，但卻並不成功，他亦終於在明治十八年（公元一八八五年）辭任公使之職，棲居於東京南面的小田原，就任東京帝國大學文科大學教授，並從此退出政壇，專心從事著述。

在從政方面，只要我們對近代的中日關係史有所涉獵，自然不致對竹添光鴻的名字感到陌生。而在學術方面，則我們對他的名字就應該更為熟悉，尤其是在經學方面，他的《左氏會箋》、《毛詩會箋》和《論語會箋》等著述都很具參考價值，受學術界所重視。

除了學術著述之外，他的漢詩漢文創作亦頗有名，其文集包括《獨抱樓遺稿》、《井井賸稿》和《棧雲峽雨日記並詩草》等。其中《棧雲峽雨日記並詩草》就是他隨森有禮出使中國之時在中國的遊歷紀錄和創作，當時他由天津到了北京，除了跟其時的中國名儒學者論交之外，他還想尋訪中國西南蜀山之奇與地方的人情風俗，於是便跟其同鄉津田靜一自北京出發，經直隸、河南、陝西然後入四川，再經四川的棧道而抵達成都，之後，又從成都自長江返回上海，前後數月，飽歷中國西南山川之勝與四川棧道、長江三峽之奇，因而其作品集亦以「棧雲峽雨」命名。我們上次所引他的《定軍山》詩，亦是這次遊歷、途經諸葛武侯墓後之作。

竹添光鴻，字漸卿，別號井井，又通稱作進一郎，是肥後天草（今九州熊本縣天草）人。父名光強（字筍園），是著名漢詩人廣瀨淡窗的門下所謂「十八學士」之一。據説竹添光鴻自幼即聰明穎悟，有神童之譽，四、五歲即誦讀《孝經》、《論語》，七歲隨師讀《資治通鑑》，而漢詩則由其父親自教導，終而成為明治期間著名詩人之一。

竹添的遊歷詩

一

既從政又是學者的詩人竹添光鴻，早年趁着隨日本駐清公使森有禮出使中國之便，連續在中國遊歷了幾個月，寫有《棧雲峽雨日記並詩草》，記錄了他由北京經河南、陝西入四川然後再自長江折返上海的經歷，其中四川的棧道與長江三峽之奇，更是他賞覽的重點所在，因而作品亦以「棧雲峽雨」來命名。

正如書名所宣示的，除了為這次遊歷經過而寫的「日記」記錄了他的見聞之外，他還創作了不少「詩草」來表達他的感受。除了先前提過的《定軍山》之外，我們不妨再引錄他的一些詩作來談談。

在旅途中，他曾到過西安，即古都長安，因而寫有《長安旅夜》一詩：「承露盤空仙路絕，延秋門古夜烏悲，無情一片長安月，偏向離人照鬢絲。」詩的寫法跟《定軍山》不同，《定軍山》是謁諸葛亮墓之後而聯想到也是戰功未成而身死的日本名將楠木正成，還抱怨說「讀書未是人生福」，因自己即為了書本知識而令旅遊上多添感慨。而這首《長安旅夜》所寫，則是就眼前景物直接引發出來的鄉愁。當然，儘管他說讀書未必是人生之福，但詩的首兩句內容，要非有一定的書本知識，實在亦難以寫得出來。所謂「承露盤」，即漢武帝時所製之銅盤，上有仙人用掌來擎着玉杯以承接仙露。如今，既已「盤空」則「仙路」亦當早已斷絕，詩句含有濃厚的弔古懷今意味。至於「延秋門古夜烏悲」一句，亦非曾讀過書便無法寫出，照《長安志》所述，唐宮殿西面有二門，向南者為延秋門，向北者為玄武門。而據《舊唐書》所載，安史之亂時，唐玄宗即自延秋門逃出，杜甫《哀王孫》詩中所謂「長安城頭頭白烏，夜飛延秋門上呼」，應該就是竹添光鴻這句詩的所本，此外，「無情一片長安月」，也許確是當時的實景，但亦很有可能是受杜甫詩「今夜鄜州月」引發出來的感想。杜詩所寫的，是對着長安的月色懷念身在鄜州的妻子；而竹添所寫的，則是對着長安月色而自我感懷。儘管所想者不同，但望着長安之月，都難免令人興起內心的波瀾，卻是古今一樣，無分中外的。

二

儘管竹添光鴻説「讀書未是人生福」，因為書讀多了，入眼的景物容易使自己多生聯想，平添感慨；尤其在觸目都是古蹟、歷史文物的中國旅遊，更是易於「到處難禁感慨多」。然而，要非胸懷書卷，熟知故事，旅遊的興味會相對大減，詩的題材也不會有那麼豐富。竹添在中國旅遊時所寫的詩作，正是他熟讀中國詩書的反映。

在那些作品中，往往會灌注了較多的個人感情，寫出了當下的個人感受。像上面提過的「讀書未是人生福，到處難禁感慨多」、「無情一片長安月，偏向離人照鬢絲」之類便是。又如《宿劍門驛》和《潯陽》之類的詩作，則是在特定的環境和氣氛之下，抒發了個人的感情，《宿劍門驛》詩是這樣的：「酒痕淚點客衣斑，一夜歸心滿劍關，巴雨蜀雲人萬里，杜鵑聲裏夢家山。」而《潯陽》詩則是這樣的：「淪落天涯白髮生，荻花楓葉又秋聲，琵琶聽遍江南北，一到潯陽便有情。」很顯然，這些詩句中所抒發的個人感情，還免不了跟作者所體會的中國文學、中國情懷有關，像《潯陽》一詩說的，根本上就是由白居易《琵琶行》而來，甚至也可說是在描繪着白氏的境況。

當然，竹添也有些在中國的遊歷詩，比較少表露個人的情懷和感受，而純從弔古、懷古或詠史的手法去寫作，像《鄂王廟》，「痛飲黃龍志欲成，金牌何事枉班兵。中原草木皆腥氣，十道風雲盡哭聲。誰道賊臣能搆獄，不知高廟竟無情。兩宮豈作還鄉夢，月苦霜淒五國城。」就是通過眼前的鄂王廟，以追懷岳武穆的遭遇，當中「誰道賊臣能搆獄，不知高廟竟無情」，更可說是有點論史的意味。又如《昭烈廟》：「修廊曲殿矗層層，尚守先祧有老僧。一體君臣長合祭，三分事業繼中興。荒烟何處埋疑塚，翠柏於今護惠陵。漢賊從來不兩立，紫陽特筆凜如冰。」也是就面對着紀念蜀主劉備的昭烈廟，興起了無限的弔古情懷。所有這些認識和歷史感，都難令人再說「讀書未是人生福」。而作為學者的竹添光鴻，其遊歷詩自也不會是徒詠自然風物的。

詩論與文化旅遊

「可喜車書共一家」，只是個象徵性的説法。

事實上，「車」未必「同軌」，「書」卻的確是「同文」的。

漢字的使用，成了中日兩國文化傳統可以相容相合的共同基礎。

漢土見月

一

竹添光鴻從北京到四川的遊歷過程中，曾宿於古都長安，並寫下了一首七絕《長安旅夜》詩，當中有所謂「無情一片長安月，偏向離人照鬢絲」之句。我們說，或者那真是當時的實況，竹添其詩的確寫在長安的夜裏，對着明月而自我興懷，勾起了鄉愁，興起了自己是個「離人」的感觸。但也很有可能，竹添的感懷是受其他詩作像杜甫的《月夜》之類而引發出來的聯想。杜甫所寫的，是對着長安的月色而懷念身在鄜州的妻子，但他不說「今夜長安月」而說「今夜鄜州月」，是從妻子的立場而寫自己對妻子的思憶和關懷，那就不單是對妻子的掛念，而且還在掛念着妻子對自己的掛念；可以說是用情深摯，纏綿動人，這段心思和境界，自然遠非竹添詩作可比。

然而，對月興懷，特別是對着長安之月而興懷，不管想法是甚麼，但都會掀起內心的波瀾，卻是相同的。而想及其他人的作品，也是很自然的事，就以字面而言，竹添的「無情一片長安月」，恐怕亦取自李白「長安一片月」的句意而來，對着長安夜月，像竹添那麼樣的讀書人，無論有甚麼特殊的感傷，在思緒上，相信都必先湧現其他人的詩句來。

所謂「今月曾經照古人」，古來以月為題材、寫對月懷遠的詩篇，自是難計其數，即以在中土的日本人而言，至少也會令人聯想到古代的晁衡來，他曾寫過一首《漢土見月》的詩，內容是這樣的：「回首舉目望蒼穹，明月皎潔挂中空，遙思故國春日野，三笠山月亦相同。」詩意無疑是顯淺、簡單，但感情卻是真切誠摯的。

晁衡，是阿部仲麿的中國名字，也作朝衡，而「麿」亦可寫作「麻呂」。他在日本元正天皇靈龜二年（公元七一六年）以十九歲之年紀獲選為遣唐留學生，受唐玄宗的殊遇，留唐三十八年，本來要返國的，但途中卻遇到了風暴，漂流到安南，再折返長安，結果亦終老在中國，沒有回到日本去。這首《漢土見月》詩就是他在明州上船回國，見月思鄉之作。詩中的「春日野」、「三笠山」都是地名，在奈良的東部，春日野有著名的春日大社，三笠山又名御蓋山，是晁衡的家鄉所在。

二

阿部仲麿在古代中日關係史上，是個非常特殊而富傳奇性的人物，對於他的事跡，新舊《唐書》都有記載。先是於唐玄宗開元初年，獲日本朝廷選為遣唐留學生，前來中國，由於仰慕唐風，因而改名為晁衡（或朝衡）。他在太學學成之後，即在唐朝廷任官，由左春坊司經局校書做起，歷任左補闕，儀王友，深得唐皇的賞識和信任。所謂「儀王友」，就是唐玄宗兒子「儀王」之「友」，是個官銜，根據規定，除了要掌「陪侍游居」之外，還得「規諷道義」，以一個外國的遣唐留學生而獲得器重如此，甚至讓之陪侍和教養自己的兒子，實在難得之至。

阿部仲麿不單學問才華備受唐朝廷賞識，他跟當時的盛唐詩人如王維、儲光羲、李白等都有交往，是要好的朋友，彼此也有詩作酬答相贈，他可以說是個完全漢化了的日本人。

就在天寶十二年（公元七五三年）阿部仲麿五十六歲的時候，因年老特別獲得唐玄宗的允准，隨當時以藤原清河為大使的遣唐使節團回國。當年的十一月，他們一行在明州乘船出海（明州就是現在的寧波，也有一說地點應是蘇州，不是明州），我們先前所提的那一首《漢土見月》，就是在開船前夜對望着月色而寫下的作品，在短短四句中，頭兩句：「回首舉目望蒼穹，明月皎潔挂中空」，是實寫；末兩句「遙思故國春日野，三笠山月亦相同」雖然是寫當時的心境，由漢土之月想到家鄉之月，有「舉頭望明月，低頭思故鄉」的意味，但他寫來比較直接，而且，無論是漢土抑或故鄉，月色也正相同，反映出他在思念家鄉之餘，對中國還是有其依戀之情。

其實，阿部當時的對月興懷的漢詩，寫來格律不太調協，但他是先以日本的和歌詠唱出來的，內容與漢詩大致相同。他這首和歌，最早收錄在醍醐天皇編撰的《古今和歌集》，其後又編進《小倉百人一首》的和歌集中，成為日本幾乎人人必讀的作品。

阿部望月，曾有人將之繪畫成圖，日本漢學家蒲生重章即寫有這樣的一首《阿部仲麿望月圖》題詩：「豈啻東西風馬牛，水天萬里恨悠悠，想君夜夜歸心切，山月依稀三笠秋。」

明月沉碧海

阿部仲麿還未到二十歲便來唐留學，其後因慕唐而改個中國名字，還在唐朝廷出任為官，官位也頗高。到了五十多歲才告老還鄉，在臨離開之前夜，望月興懷，寫下了一首和歌，也翻成了漢詩，滿以為回到故鄉奈良的春日野、三笠山，或許也會對月興懷。記掛着那中土的「長安一片月」。然而，沒想到他啟航之後，船在大海中遇着風暴，當時他所隨行的使節團分乘四艘大船出發，其他三艘在遇到風險之後，都能先後回到日本，只有阿部跟藤原清河大使的一艘漂流到驩州（今越南海岸）去，結果，船被劫掠，大部分的人也被殺害，只剩下阿部和藤原等十餘人生還，再由陸路間關回到長安，從此留在中土，客死異鄉。而他那首《漢土見月》詩也成了絕唱，「遙思故國春日野，三笠山月亦相同」也一直只是「遙思」，他再無法親眼看到故鄉三笠山上的月色，命運弄人，竟一至於此。

大詩人李白聽說阿部仲麿歸國的船遇上大風，不知蹤影，以為他已隨沉船而溺死海中，因而寫下了一首著名的《哭晁卿衡》詩：「日本晁卿辭帝都，征帆一片繞蓬壺；明月不歸沉碧海，白雲愁色滿蒼梧。」，李白的「哭」，雖然僅是一場誤會，但從詩中所流露的哀悼之情，足以反映出中日這兩位大詩人當時的交往和情誼的深厚。詩中「明月不歸沉碧海，白雲愁色滿蒼梧」，說來哀傷沉痛，而「明月不歸」又好像針對阿部返國前夕《漢土見月》的心境而發。

阿部離家數十載，遲暮之年想到了故國本家是人之常情，但對中國那份深厚感情又不能一下子掩蓋掉，加上他朝夕相處的同僚，眾多投契的摯友，都令他在惜別之時，倍感惆悵。他有一首《銜命使本國》詩，正可道出他當時的一些心境：「銜命將辭國，非才忝侍臣。天中戀明主，海外憶慈親。伏奏違金闕，騑驂去玉津。蓬萊鄉路遠，若木故園鄰。西望懷恩日，東歸感義辰。平生一寶劍，留贈結交人。」這是一首五言排律，載在《文苑英華》之中，但格律並不太嚴整。不過，他惜別的心境以及殷殷情意，卻是清楚地從詩中流露出來的。

漢化詩人

日本遣唐留學生阿部仲麿留在唐土三十多年，不但改了個漢名字晁衡（朝衡），並且曾出仕於唐朝，跟著名詩人如王維、儲光羲、李白等也都有交往，情誼亦深厚。所以，當他以遲暮之年歸國之時，其摯友王維、儲光羲、趙曄、包佶等都寫有送別詩，而他也寫了一首《銜命使本國》（一作《銜命還國作》）的詩，留別他在唐的同僚好友，表白他惜別的情意。

阿部的這一首詩，我們上面是具引過了，詩意也不太難明白，不過，令人感到興趣的，是他在詩中，往往表現出他是以一個漢人的身份來說話。譬如首兩句說「銜命將辭國，非才忝侍臣」，當中的下一句，還可說是他自謙之辭，但上一句所說的「國」，自然是唐朝的「中國」而非日本國了。而三、四句「天中戀明主，海外憶慈親」中，「天中」是「天下之中」、指的自是居於天下正中的中國。「海外」一句，固可理解為「從海外憶念自己的慈親」，也可理解為「憶念處於海外的慈親」；如是後者，則他便是以「海外」來指日本了。事實上，不少人就把這兩句理解為「戀天中之明主，憶海外之慈親」，果如是的話，那他在詩中以漢人身份來說話，就更是明顯了。

當然，日本到底是他的本家故鄉，他要離開朝廷之後（「伏奏違金闕」），便立刻乘馬車上路（「騑驂去玉津」），不管鄉路多遠（「蓬萊鄉路遠」），心中所想到的仍是故園的林木（「若木故園鄰」），其實，以阿部來說，中國和日本，都可說是他的故鄉，兩者不是對他有「恩」，便是對他有「義」。所以，即使返回日本，他還是不可對中國有所或忘，詩中所謂「西望懷恩日，東歸感義辰」，的確是他心聲的所在。

然而，命運好像是故意的弄人，阿部仲麿終於因為遇風的關係，回不了日本，李白詩哭他的「明月不歸沉碧海，白雲愁色滿蒼梧」雖然僅是一場誤會，但到底他是真的死於唐土，成了雖非「生於斯」，卻是個「死於斯」的漢化詩人。

以漢為本和胡漢易位

一

阿部仲麿臨老辭別唐土要返回日本故鄉去而寫下的《銜命使本國》詩，表現出濃烈的中國情懷是很可理解的事，因為他來唐當留學生時才不滿二十歲，留在唐土亦已有三十多年，且一直見用於唐朝，官位也不低。可以說，他一生最主要的歲月，在中土渡過；最重要的事功，也是在唐朝廷裏得以發揮；加上他的知交好友，亦以漢人為多，說中國是他的第二故鄉絕不為過。要離開這樣的土地返回本籍，依戀之情自難免溢於言表，而在詩中也就不期然的以漢人的身份和口吻表達出來，所謂「銜命將辭國」，所謂「天中戀明主，海外憶慈親」，以至「西望懷恩日，東歸感義辰」，無一不是真確的反映他的情懷，宣露他的心聲。

以阿部這樣的背景和經歷，表現出漢化的傾向，甚至以漢為本，是不足為怪的，亦可說是很自然的事。事實上，即使並非像阿部仲麿那麼樣背景的日本漢詩作者，在寫作漢詩的時候，一般除了嚴守詩體本來的格律聲調外，用語和典實都會盡量依據漢語的傳統和習慣，讀起來有時就跟國人之作無異。不單如此，在形式之外，詩的內涵意義也往往以漢為本，採用中國為本位的思維方式。有時甚至在內容的表述方面，進一步胡漢易位，華夷莫辨。像明治時期著名的政治家兼詩人副島種臣的一首《偶吟》詩，便是這方面較為明顯的例子，「戰勝餘威震朔河，秋高群雁亂行過。天兵所向捲枯葉，韃靼胡王奈汝何。」

這首詩寫於明治二十七年，是中日甲午戰爭期間因為聽到了日軍連場勝利之後而寫成的詩篇。詩意並不艱深，意思是說：連場軍事上的勝利，威勢已震動了北方的河川（這是指當時日軍強渡鴨綠江，進入了中國的東北，以及在遼東半島登陸，連陷旅順、大連等幾場戰役而言），連秋天高飛的雁群也驚擾得亂飛而過。我們這些天兵直是所向無敵，戰勝敵人就像烈風捲起枯葉那麼容易，你這韃靼胡王也奈得我們甚麼何！

當中，天兵顯然指的是日軍，而「韃靼胡王」，卻是較為婉曲地在說當時統治着中國的清廷，這真是以漢為本的心態，反倒過來稱中國為「胡」了。

二

《偶吟》，詩的作者副島種臣（公元一八二八年至一九零五年），是明治時期著名的政治家兼漢詩詩人，字蒼海，號一一學人，通稱二郎，是當時的佐賀藩士。對於稍為涉獵過近代中日關係史的人來說，他的名字應不會太陌生。因為他是明治時期日本有數的外交長才，曾經在日本北方處理過庫頁島（日本稱為樺太）的國境問題，也曾以日本特命全權大使的身份到北京與清廷交換《中日修好條規》，很有聲望。其後因為主張「征韓論」關係跟當權派不和，被迫與西鄉隆盛、板垣退助等連袂辭職。其後再徵為宮內「一等侍講」、「宮中顧問官」、「樞密院副議長」等職。善長漢詩筆札的寫作，著有《蒼海全集》。

副島寫作這首《偶吟》之時，已辭退了外交官之職，但他平生經常以伸展日本的國力和領土為念，抱有濃烈的國族思想，所以在聽到中日戰爭中、日軍連場勝利之後，歡欣異常，便寫下了這樣的一首詩作。詩中除盛讚日軍「天兵所向捲枯葉」外，還譏諷清廷的「韃靼胡王奈汝何」。正如我們所提過的，詩人在意識上、心態上，自視日本為「漢」，因為照一般的理解，「天兵」就是「王師」，就是「漢家的軍隊」，而代表中國的清廷，在他心目中倒反成了「韃靼胡王」。這方面，自然並非站在中原漢人的立場，要視滿清為「胡」，而是從中日的相對關係上，把中國王朝當作「胡王」來看待。我們向來習慣把外族說成「胡」，把日本稱作「東夷」；如今，副島的寫法，則是自以為「漢」，而日本之與中國，也就變成了「胡漢易位」，這真是日本漢詩寫作上非常有趣的現象。

這方面，我們可以再舉另一個例子。日本近世有位作者宇田友寫了這樣的一首漢詩：「南渡衣冠一夢華，厓山遺恨浪淘沙。可憐青葉王孫笛，留與殘僧說趙家。」如果從詩的內容來看，很清楚說的是南宋滅亡的故事，所謂「南渡衣冠」固然在說宋室南遷，「厓山遺恨」亦在說宋帝昺投海自沉之事。而「留與殘僧說趙家」更點明了是「趙」宋的歷史。然而，要是我們看看詩題，就知道作者所詠的，卻與趙宋無關，而是別有所指。這詩題作《須磨寺》，其實說的卻是日本歷史上「平家」滅亡的故事，這種寫法，可說是典實的移用，亦是以漢為本的另一典型。

再談《須磨寺》詩

寫下《須磨寺》一詩的作者宇田友，是明治至昭和初年期間的詩人，原名友豬，後改為單名「友」，字誠甫，號滄海。雖然也以詩鳴，但不及我們所提過而時間略早的竹添光鴻、副島種臣等人那麼有名氣。宇田的漢詩，以長篇者較佳，不過，一般人對他的認識還是並不太多。

《須磨寺》所寫，其實是作者遊覽須磨寺時觀看了該處的一些歷史文物而引發出的感興。「須磨寺」位於現在神戶市西南的須磨區，該處附近的「一之谷」曾發生過日本史上著名的「一之谷戰役」，那是日本中世紀平安時代末期源氏和平家兩大勢力之間一場較具決定性的戰役，發生於壽永三年（公元一一八四年），結果是源氏以奇襲建功，攻陷「一之谷」、平家一族敗亡，族人爭先乘船往海上逃亡。經此一役，平家勢力亦衰微，兩年後即覆滅。源氏霸權確立之後，平安時代結束，而日本亦進入武家政權的時代，開始了首個幕府體制的鎌倉幕府。

在現在的須磨寺之中，藏有據説屬於「一之谷戰役」裏平家年輕的武將平敦盛所有的一枝青葉小笛，《須磨寺》一詩的作者宇田友，就是因為遊覽該寺時觀看了那枝青葉笛然後聯想起那場日本史上著名的戰役來。但作者偏偏不從那場戰役有關的過程和史實來描寫，反而跟南宋滅亡的故事連繫起來，把中國的歷史移作日本的典實來用，所以説它是以漢為本的構思方式。詩中除了第三句「可憐青葉王孫笛」之外，其餘三句都借宋事以言平家的歷史，所謂「南渡衣冠一夢華，厓山遺恨浪淘沙」，分明在說宋室南渡之後，國力就有如夢中之華（花），很快幻滅，跟盛極一時的平家天下瞬即消滅，正自相似；而宋帝昺的厓山投海自盡，又彷彿平家一族在一之谷戰役走投無路，爭相入海逃亡的情景相同。至於後兩句所謂「可憐青葉王孫笛，留與殘僧說趙家」，就是說，如今還藏在須磨寺的那枝青葉笛，只堪留給殘僧來細說當年平家滅亡的故事而已。不寫「平家」而用「趙家」，那表示兩者的相似，但亦顯示日本人寫漢詩而要運用典實之時，多趨於中國化，這就使我們在欣賞日本漢詩之時，必須有個貫通的了解，否則就增加了理解上的困難。

漢事移用 借古喻今

談到日人漢詩中提及趙宋的歷史，不禁又令我想起了另一位漢詩作者神山述的《讀胡澹菴封事》來。神山述，本名至明，字為德，號鳳陽，三野古翁，通稱四郎，是明治時期的詩人。他這首《讀胡澹菴封事》詩，內容是這樣的：「講和國賊罪難逃，議論風生捲怒濤。秦檜王倫真可斬，惜君揮筆不揮刀。」

我們知道，胡澹菴就是胡詮，他曾寫有《上高宗封事》一文，上奏宋高宗要求將當時主張跟揮軍南下的金人議和的秦檜、王倫、孫近等三人斬首。所謂「封事」，就是奉奏天子的密函。當然，出於種種原因，胡詮的所奏沒有被接納，宋室到頭來還是跟金人訂下了喪權辱國的和議，但他在《封事》中所表現的忠肝義膽，卻可以光耀千古，令人感動。神山述便是讀了它之後而引發出詩興來，寫下了這麼樣的一首詩。

詩的內容簡明而直切，他痛罵主張講和者是「國賊」，盛讚胡澹菴的文章是「議論風生」，又惋惜胡氏只是揮筆，沒有揮刀把秦檜之流斬除掉。表現出作者疾惡如仇，一片憤慨。跟《須磨寺》詩不同的是，詩句完全不涉及日本方面的典實，純然在說有關中國方面的歷史。然而，若從作者當時的背景來說，也許他正要借宋金議和的史實來表達他對日美「下田條約」簽訂的憤慨呢。

神山述這麼樣的寫法，表面看來，只是論史之作，而且還是中國的歷史，與日本的情事毫無所涉，不過，若從作者所處的時代與寫詩時的背景而言，可能作者的寫作動機，是移用漢事，以論日本的問題，借助古代的歷史，以說當今的世情。因為日本在江戶幕府末期，受到美國的脅迫，先是與美國於安政元年（公元一八五四年）簽訂了「神奈川條約」，結束了自古以來長期的鎖國政策，開始跟西方列強交往。那條約亦稱「日米和親條約（日美親善條約）」，在這個條約的基礎上，其後分別再簽訂了一些附錄和「下田條約」。「下田條約」亦稱「日米約定」，由美國自日本實施開關政策以來首任總領事哈利斯（T. Harris）和江戶幕臣井上清直於安政四年（公元一八五七年）簽訂，要日本開放港口，而美國人除了在下田、函館有居住權外，還享有治外法權。跟着，翌年又簽訂「日米修好通商條約」，除增加通商口岸外，又允許美國人在日本有更大的旅行、貿易、宗教等自由，並享有領事裁判權。這些，都使不少日本人感到是喪權辱國之事，紛紛表示不滿、憤慨，從而遷怒於跟美國議和的人。《讀胡澹菴封事》一詩的作者，也許就是當中的一份子。

我們有這種推測是合理的，因為照一般詠史、論史的詩作，通常都較為客觀、冷靜而就事論事，所謂「講和國賊罪難逃」、「秦檜王倫真可斬」，卻顯出了濃烈的個人感情，那就大有可能並非徒然詠史、論史，還應該是喻今之作了。

談漢字的漢詩

一

我們提過，不少日本漢詩的作家，無論他所寫的題材是甚麼，往往都喜歡引用中國的歷史或典實，以充實其內容。有時甚至以一個漢人的身份來説話，採用以中國為本位的思維方式，涉及跟中國有關的題材固是如此，就是描述完全屬於跟日本相關的情事，也大都如此。所以，我們説副島種臣的《偶吟》，把統治中國的朝廷稱為「胡王」，可算得是「胡漢易位」。宇田友的《須磨寺》，則是明顯的「漢事移用」。至於神山述的《讀胡澹菴封事》，我們就很有理由相信他是在「借古喻今」，把胡澹菴封奏秦檜的史實來表達他對日美「下田條約」的不滿，以及宣洩他對主張議和者的憤恨。

事實上，從這些偶然舉出的例子就可看出，日本漢詩作者一般不單遵守漢詩的格律、注意其聲調，而且還盡量運用較為漢化的語言、典實和表達方式。另一方面，亦反映這些作者對中國的歷史傳統，有比較深厚的認識，對漢語漢字都有濃烈的感情。

説到對漢字的感情，不禁想到了現代著名的中國文學研究家鈴木虎雄的一首詩作來，他那首詩的題目是《癸巳歲晚書懷》。要是光看題目，那定以為是篇臨近歲晚，抒發個人情懷之作；或則有感於歲月催人，或則撫今追昔；或則有感於個人的際遇，或則寄望未來的發展。然而，看清楚了內容所述，就知道跟這些都無關，而是在説漢字的存廢與使用問題，全詩是這樣的：「無能短見愍操觚，標榜文明紫亂朱。限字暴於始皇暴，制言愚駕厲王愚。不知書契垂千載，何止寒暄便匹夫。根本不同休忘斷，蟹行記號但音符。」

詩意説得很清楚，就是痛罵主張日本要限制漢字使用的人，認為他們不懂漢字的可貴。他認為：限制漢字的使用，比起秦始皇的焚書更為殘暴，比起箝制言論的周厲王更為愚拙。鈴木虎雄是一代大學者，他這首詩自然不會是無端而來，而是深有所感，發自內心的「書懷」之作。究竟他為甚麼要説這番話呢，其實跟當時日本戰敗的時代背景有一定關係。

二

寫下《癸巳歲晚書懷》一詩的作者鈴木虎雄，別號豹軒，日本新潟縣人。生於一八七八年，卒於一九六三年，不但經過了明治、大正和昭和三個時期，而且更親歷了二次大戰和日本戰敗重生的年代。他本身畢業於東京帝國大學文科大學的漢籍科，但其後則成為京都帝國大學的教授，是著名的中國文學研究專家，述作豐富，除了《支那文學研究》、《賦史大要》、《李長吉歌詩集》等學術著作外，還創作了數逾千首的漢詩，輯為六卷的《豹軒詩鈔》。

《癸巳歲晚書懷》一詩之作，正在日本新敗之後。日本人對於本身在二次大戰的失敗，感到非常痛心，這不但因為人類歷史上唯一曾用過原子彈於實戰上的只發生在日本，也不但因為日本最終是戰爭的失敗者，而更在於日本自古以來都從沒有給外國人打敗過、侵佔過，甚至強如蒙古軍，曾建立橫跨歐亞的帝國，但到頭來依然無法攻佔日本。如今，日本竟然遭遇到有史以來首次的慘敗，給美軍佔領，自然感到難堪，感到奇恥大辱。於是，紛紛推究戰敗的原因。

在眾多敗戰的原因之中，有一種想法認為日本之所以不如西方列強，在於語言中運用了漢字的緣故，因為漢字難學難記，不如西方語言中用二十六個字母那麼簡捷便易，那麼有效率。於是，在日本戰敗不久，日本的「國語審議會」便提出若干方案，或則主張完全放棄漢字，或則提倡限制使用漢字的數量。他們有個總體的印象，都以為漢字是落伍的，拖慢發展的，使到國力不振的。這種想法，跟我國近世主張文字改革、主張語言工具的西化何其相像。

最後，日本雖然沒有完全廢棄漢字，但卻限制了它的使用量，並且提出了「當用漢字（常用漢字）」的主張，以一千八百個漢字為限。用意是希望逐步的減少。面對這類主張，鈴木虎雄深致不滿，尤其是文字西化，純以音符來表述，他更是深惡痛絕，所謂「標榜文明紫亂朱」、所謂「根本不同休妄斷，蟹行記號但音符」，都是他竭力要維護漢字系統的想法。

三

日本在二次大戰新敗之餘，竟有人把敗戰的原因推究到漢字的使用問題上去，使人感到有點莫名其妙。就像我國自清末以來，也有些人視國力之不振在於受到漢字的拖累，沒有將之拉丁化的緣故，看法是頗近似的。其實，這類想法都有很大的片面性。日本敗戰的原因很多，但跟漢字的使用卻沒有多大的關連；而國力的強弱，根本亦和語文書寫系統是否拉丁化沒有必然關係。這些人的主張，不但把問題看得太簡單，而且壓根兒就沒有考慮到一旦漢字廢棄後所帶來的嚴重後果。

戰後，日本的「國語審議會」經過了一番反覆的討論後，雖然結果並沒有把漢字完全廢棄，但還是決定了限制漢字的使用量，戰後不久便頒布了一千八百多個「當用漢字」，用意是希望逐漸減少字數，以至可以完全不用。但其後的發展，卻是不單沒有減少，還不得不有所增加，如今的「當用漢字」已有二千餘之譜，可見漢字在日語中，始終有其不能不用的存在價值。至於我們的漢語，恐怕就更難以全面拉丁化、「走世界共同的拼音文字的道路」了。事實上，無論從語言結構或文化的傳承關係上來說，漢字在漢語中的使用，也有其學理上的根據，無可代替的理由。

當然，鈴木虎雄在《癸巳歲晚書懷》詩中所提到的，卻並非純從學理上來討論，而且還包括較濃烈的感性成分，大抵亦因為此，他的詩題才用「書懷」。他首先罵限制漢字使用的「國語審議會」之類是「無能短見」，令他對一般人在文章的寫作方面感到憂慮；而廢棄漢字之舉，表面上是「標榜文明」，實際上卻是以「紫亂朱」(《論語》:「子曰，惡紫之奪朱也。」紫是間色，朱是正色，表示漢字才是正統)。跟着，他認為限制文字，束縛語言，無疑比秦始皇更殘暴，比周厲王更愚拙。何況漢字的使用已超過千年的歷史，有其典雅的一面，並非徒然為方便日常生活使用而已的。「審議會」中有人主張運用英語二十六個字母來代替漢字，那是忽視了彼此根本上的歧異；「蟹行」般的橫寫字母，只是「記號」、只是「音符」，看不出任何意義來。

鈴木虎雄所寫的，雖或不免從感性着眼，但卻是別有所見，有其值得憂慮的地方。

漢字的感情

鈴木虎雄寫《癸巳歲晚書懷》詩，從時間上來説，應該是昭和二十八年（公元一九五三年）的癸巳歲晚，距離日本戰敗投降，已有八年之譜；距離日本「國語審議會」就漢字存廢和使用量限制等問題的提出，也有好幾年。而鈴木先生卻要趁着這一年的歲晚寫詩來表達他對「國語審議會」決定的不滿，對漢字受到諸多制限的憤慨。這樣子的「書懷」，固然有別於一般作者臨近歲晚以詩來抒發個人情懷、抱負的寫法，但我們又不能不承認他在詩中談論漢字的問題，仍然是自「書」其「懷」。不過，他這個「懷」卻是「耿耿於懷」的「懷」，表現出他是一直對漢字在日本戰後的地位和發展而深感不安的。中懷有憂，不吐不快，未必一定要跟個人際遇相涉然後有需要一「書」其「懷」的。

雖然在詩中討論到漢字問題的時候鈴木的主要想法都較為偏向於感性方面，但從「不知書契垂千載，何止寒暄便匹夫」兩句來看，可知他並不贊成把文字光看成日常生活的溝通工具，因為那只是最起碼的要求而已。推尋鈴木先生那兩句詩的意思，一是認為漢字既已用上了千多年，那它一定有很強韌的生命力，也很具歷史文化的意義；另一則是認為漢字本身有其超過純粹作工具用的價值，是典雅的，藝術成分深厚的。這兩者，無論屬於那一方面的理由，都令鈴木先生對漢字產生濃重的感情。事實上，漢字不單由中國傳入日本，為日本語文所吸收、融和，而且還加以發展。日本語的書寫系統中，源自中國的漢字固佔了最重要的成分，就是日本本身創製的假名，不管是平假名抑或片假名，其實亦無一不是由漢字衍生變化而成的。再加上並非假名、也非源自中國、而是由日本人根據六書的造字法則而創製所謂「國字」的日式漢字，這種書寫系統之於日本人來説，已成了民族文化不可分割的一部分，相信所有尊重民族傳統的日本人，都會同意鈴木先生所説的：「根本不同休妄斷，蟹行記號但音符。」何況，鈴木先生還是中國文學研究的專家，對這方面來説，體會自然就更深刻了。

漢字不但是中、日兩個民族血脈之所寄，而且仍富有強韌的生命力，把它人為地砍斷、摧殘，相信都會傷害了具有民族良知者的感情。

「可喜車書共一家」

一

鈴木虎雄對於限制漢字的數量以及束縛語言的運用表現得深惡痛絕，認為「限字暴於始皇暴，制言愚駕厲王愚」。跟着，還肯定漢字的價值，認為並非僅只日常溝通工具那麼簡單，所謂「不知書契垂千載，何止寒暄便匹夫」，至少，它有其深厚的歷史文化意義。在中國，它固然具有數千年的歷史，就是在日本，其應用也超過了千年以上。所以，漢字的存在，成了中、日兩個民族傳統文化的象徵，也成了維持各自民族特色的血脈所寄。一般人也許以為只有我們中國人才跟漢字關係密切，才會對漢字產生深厚的感情。事實上，日本人之於漢字，其實同樣愛護有加，也同樣會有濃烈的感情。鈴木虎雄的詩作，正好在這方面做了個具體的例證和說明。

談到中、日兩個民族對漢字的感情，不禁使我想起了另一首日本漢詩裏「可喜車書共一家」的詩句來。

所謂「可喜車書共一家」，指的就是中日兩國都有共同的文化傳統，所謂「車同制，書同文」，正親如一家的寫照。這句詩原出於日本另一明治時代漢詩作家宮島誠一郎的詩作，原詩本來是贈予其時出使日本為使館參贊的黃遵憲的，題目頗長：《黃參贊公度君將辭京，有留別作七律五篇。余與公度交最厚，臨別不能無詩，黯然銷魂，強和其韻，敘平生以充贈言》。清光緒八年（公元一八八二年），原本隨何如璋出使日本為使館參贊的黃遵憲，奉命調任為美國「三富蘭西士果」(三藩市）總領事，臨別時曾寫有五首七律以贈「日本諸君子」。宮島誠一郎即針對黃氏那五首留別詩，而寫下了五首和韻的七律，「可喜車書共一家」即出自其中的第四首，全詩是這樣的：「自昔星槎浮海到，看他文物盛京華。相將玉帛通千里，可喜車書共一家。使客縱觀新制度，詞人爭賞好櫻花。墨江春色東台景，分與天工着意夸。」

詩的內容很清楚，說黃遵憲出使日本，帶來了豐富的文物，也帶來了珍貴的禮品；而最令人感到可喜的是：中日兩國有共同的文化傳統。作為使者，固然應該看看明治維新的新制度，但作為詞人，就得趁着良辰美景，細細地去賞玩行樂了。

二

黃遵憲本來是駐日本的使館參贊，光緒八年時奉命調任為美國三藩市的總領事，因而寫下了《奉命為美國三富蘭西士果總領事留別日本諸君子》五首七律，宮島誠一郎即步其原韻，同樣作了五首七律詩，「可喜車書共一家」即出自其中的第四首。黃氏原詩是這樣的：「海水南旋連粵嶠，斗星北望指京華。但煩青鳥常通訊，貪住蓬萊忘憶家。一日得閑便山水，十分難別是櫻花。白銀宮闕吾曾至，歸與鄉人信口誇。」而宮島的和作，為了方便對照，現在再具引如下：「自昔星槎浮海到，看他文物盛京華。相將玉帛通千里，可喜車書共一家。使客縱觀新制度，詞人爭賞好櫻花。墨江春色東台景，分與天工着意夸。」當中「可喜車書共一家」一句，就是要指出中日兩國具有共同的文化傳統，都在「車同軌，書同文」一家之內。句意可能由杜詩「天下車書已一家」(《題桃樹》)而來。

至於詩的作者宮島誠一郎，生於一八三八年，卒於一九一一年。本名即叫誠一郎，別字栗香，是明治時期的著名漢詩作者。他家學淵源，據説十三歲即能創作漢詩，在「大政奉還」、明治掌權的過程中，他曾參與多場戰役，立下了不少功勞。其後於明治政府中，他歷任待詔院學士、左院議長、太政官修史館編修、宮內省爵位局主事、貴族院議員等職。另一方面，他比較着意於發展跟中國的關係，認為中日合作是維持東亞和平安定不可或缺的要素，因而創辦「興亞學校」，並派遣其子宮島詠士到中國留學，積極推動中日的親善活動。其子後來亦創立了「善鄰書院」，在這方面，也做出了貢獻。宮島誠一郎有詩集名《養浩堂集》，在明治時期的政治家中，他的詩跟副島種臣、中井弘等都堪稱一流。

宮島既有意積極推動中日的親善友好關係，自然特別重視彼此文化上的共同點，因而不難寫出像「可喜車書共一家」的詩句，事實上，「車」未必「同軌」，「書」卻的確是「同文」的。漢字的使用，成了中日兩國文化傳統可以相容相合的共同基礎。

「同合車書防外侮」

一

宮島誠一郎既是明治時期的政治家，也是當時著名的漢詩詩人。他一方面跟清廷駐日的使者如黃遵憲、黎庶昌等都有吟詠酬唱，另一方面也着意於發展跟中國的關係。他認為中日的友好和合作是維持東亞和平穩定不可或缺的要素，因而創辦了「興亞學校」，還派遣其子到中國去留學，其子後來所創立的「善鄰書院」，目的同樣在於推動中日之間的親善友好關係。

宮島既有這種想法，自然特別重視彼此文化上的共同點。要重視彼此文化上的共同點，相信沒有比肯定漢字的使用來得更為重要的了。所以，寫出了像「可喜車書共一家」那麼樣的詩句是完全可以理解的事情。當然，正如我們說過的，「車」未必真的「同軌」，那只是個象徵性的說法而已；但「書」卻的確是「同文」的。既是「同文」，那仍然可稱得上是親如「一家」之事。不過，有必要一提的是，宮島這句詩，或許是由杜詩「天下車書已一家」的寫法而來，但以用意，跟後來有些人別有用心地去宣揚「同文同種」的說法，其本質上應該有明顯的分別。

事實上，宮島誠一郎除了在這首步黃遵憲詩原韻的和作中有這樣的寫法之外，在另一些作品中也出現類似的詩句。如《乙未二月十七日聞丁汝昌提督之死》一詩，即有相類的說法，不過，說來卻較為偏於政治性。這是首七絕，全詩是這樣的：「同合車書防外侮，敢誇砥柱作中流。當年深契非徒事，猶記聯吟紅葉樓。」其中「同合車書防外侮」一句，便是同樣說到中日兩國都是「車同軌、書同文」的，有其相同的典章和書寫系統。跟「可喜車書共一家」的想法，基本上是一致的、貫通的。

我們知道，丁汝昌是我國清末著名的愛國海軍將領，中日甲午之役，率領北洋艦隊在黃海海面與日本海軍激戰，本來互有損失，其後奉李鴻章之命退守威海衛，失去制海權，以致終於在日方海陸夾攻之下，丁汝昌腹背受敵，威海衛陷落，而北洋艦隊亦全軍覆沒。丁汝昌即在舊曆乙未（公元一八九五年）二月十七日因拒降而自殺殉國。消息傳來，宮島隨即寫下了這首悼念詩。在兩國還在交戰狀態中而寫詩悼念對方的前線將領，宮島的做法，也可說是難能可貴了。

二

丁汝昌於中日甲午之役開戰後翌年的乙未（公元一八九五年）二月十七日自殺殉國，消息傳到了日本，宮島誠一郎隨即寫下了這首《乙未二月十七日聞丁汝昌提督之死》悼念詩。宮島是日本政府的高官，在兩國處於交戰狀態中而仍然寫詩悼念對方前線英勇殉國的將領，可說是相當難能可貴。另一方面，也看出了丁汝昌之死，無論在中在日，都會使人感其壯烈，受到有識之士的推崇。而宮島與丁汝昌之間的私交，亦於詩中有所反映。

全詩只有四句，前兩句「同合車書防外侮，敢誇砥柱作中流」，意在說明：中日兩國既有「車同軌、書同文」的共同典章制度和文化基礎，便足以合力一起防禦外侮、抵抗侵略，在這方面（像丁汝昌那麼樣的英勇堅強），實在堪稱中流砥柱一樣，任憑急流怎麼衝擊，依然屹立不倒，至於後面兩句「當年深契非徒事，猶記聯吟紅葉樓」，則作者追憶當年往事，跟丁汝昌彼此相值之時，談得很投契，大家還在紅葉樓頭聯詠吟詩，酬唱一番，令人追懷不已。這是指四年前的光緒十七年（公元一八九一年）時，丁汝昌曾應邀乘「定遠」號戰艦率北洋艦隊訪日一事，在訪日期間，丁汝昌曾出席東京紅葉館為他開設的宴會，宮島當時亦是日方接待官員之一，彼此相談甚歡，並且吟詩為樂，詩中的「紅葉樓」，所指即位於東京芝公園的紅葉館，是日本政府官員用以宴請外賓之所。

這四句詩的意思本來不難了解，但「同合車書防外侮」的說法初使人感到有點奇怪，因為這是悼念交戰中對方前線指揮官的詩篇，而當時實際的情形亦是由日本發動攻擊、侵擾中國，儘管「同合車書」，但彼此立場並不相同，中國的「外侮」敵人，正是日本，又怎會變成一起「防外侮」的呢？原來宮島在這裏要強調的，就是彼此既然「同合車書」，有共同的典章制度和書寫系統、文化基礎，就應該聯合一起，對付共同的敵人。他這個「防外侮」的「外侮」，其實指的就是來自北方的俄羅斯，在宮島的想法中，中日之間彼此不但不應對抗為敵，而且更應該聯合起來，共同對付俄國的威脅，這可以說是宮島誠一郎「聯華防俄」戰略思想的具體反映。

三

從客觀的局勢來說，甲午之役啟戰之後，中日兩國正處於交戰狀態之中，彼此應視對方為敵國，當時中國的「外侮」，亦正是日本。而丁汝昌的自殺殉國，也因為跟日軍作戰失利之故。可是宮島誠一郎在悼念「丁汝昌提督之死」的詩作中，卻完全沒有提到這方面的事實，反而借用了兩國有「車同軌、書同文」共同文化基礎這一特點，而提出他所謂「同合車書防外侮」的想法，主張雙方聯合起來，一起對付來自北方的共同敵人俄羅斯。嚴格來說，他並沒有如一般悼念詩作般表揚丁汝昌的行事，歌頌其忠勇壯烈，只是藉機宣傳其「聯華防俄」的戰略思想而已。

當然，詩作後面的兩句所謂「當年深契非徒事，猶記聯吟紅葉樓」，則是比較切合主題，真正地在追憶往昔。表白了彼此相交，相知的情誼，從而透露出其悼念故人的心意。

說到「聯華防俄」，那的確是宮島一貫以來的想法，正如我們先前提過的，他一直認為中日之間的友好合作是維持東亞和平穩定不可或缺的要素，因而積極推動兩國的親善關係。他主要的着眼點，就在於文化上的相合相容，所謂「可喜車書共一家」，視典章制度的接近和漢字的使用為親如一家的事情。既親如一家，自然可以進一步團結一致，「同合車書防外侮」，對付共同的敵人了。在他心目中，中國不單並非日本的「外侮」，甚至也非日本的「敵人」，而主要的「外侮」，就是俄羅斯。

在這首詩裏，他只是說「外侮」，但還沒有具體指出那究竟是誰，而在另一首寫給黎庶昌的詩中，就說得非常清楚。黎庶昌是清廷駐日的公使，在行將離任時，宮島送他一口短刀和一首古風漢詩，其中有這樣的句子：「與君此別那尋常，唯有一言中心藏。即今東洋勢萬急，隻手誰挽狂瀾狂。鄂羅何物尤猖獗，駸駸蠶食侔貪狼。危哉朝鮮難獨立，北門鎖鑰嚴慎防。」當中的「鄂羅」，指的就是俄羅斯。

從其後日俄關係的歷史發展來看，爭端多起，由日俄戰爭以來，一直到今天日本北方國島問題的懸而未決，則宮島心目中的「外侮」，的確不能說沒有一定的根據。

善鄰書院

一

於幕末到明治期間頗為活躍的詩人政治家宮島誠一郎，一直堅持着的政治理念是「聯華防俄」，而又以「聯華」為主導、為基礎，認為中日之間若能相互提攜合作，東亞地區即可以獲致持久的和平與安定。這當中，即有文化上的因素，也出於政治現實上的考慮。他在和韻送別黃遵憲詩中所說的「相將玉帛通千里，可喜車書共一家」，便是純從文化上的聯繫來說。而在送別另一外交官黎庶昌離任的詩中所謂「鄂羅何物尤猖獗，駸駸蠶食侔貪狼……北門鎖鑰嚴慎防」，則是出於現實形勢來考慮。至於在悼念丁汝昌之死的詩作中提出的「同合車書防外侮」，則可說是他藉着中日兩國在文化上的緊密關係而推銷其政治理念的做法。事實上，俄羅斯其時的確也是中國的「外侮」，但卻不可以說成是中日兩國共同的敵人。因為日本本身，當時就正在對中國用武，成了中國「外侮」之一；更何況，丁汝昌亦正正喪師於日本人之手，又怎可以跟日本人聯成一起，共同防禦俄羅斯這個「外侮」呢？但宮島依然要這樣說，可見他是多麼堅持他的主張、執着於自己的信念。

宮島除了在給中國人的詩作中不斷提到自己的想法外，還在實際行動中貫徹實踐其所持守的理念。他特別派遣了他的長子到中國留學，學習中國語文，就是這方面的具體表現。他的長子名大八，別號詠士，是在明治二十年（公元一八八七年）到中國留學的，直到中日甲午戰爭爆發的明治二十七年（公元一八九四年）才返國，留學期間前後長達七年之久。事實上，要非兩國戰爭的爆發，也許他還會再留長一點。

宮島大八在留學中國之前，其實早已在家裏跟隨其父親學習中國古典經書，同時，又曾於父所創之「興亞會支那語學校」學習中國語。其後，由於該校只辦了一年便停辦，於是轉入了東京外國語大學漢語科。同級中有後來成為著名作家的二葉亭四迷（長谷川辰之助），不過，二葉亭讀的是俄語科，與宮島大八所唸者不同。

宮島大八自中國留學了七年歸國，跟着創辦了「善鄰書院」，可說並沒有令其父親失望，為中日的親善友好關係作出了一定的貢獻。

二

宮島誠一郎為了實現他中日親善友好的主張而遣送其長子宮島大八到中國留學，宮島大八學成歸國之後所創辦的善鄰書院也可以說是實現了他部分的理想。

宮島大八回國後所創辦的學校，原先叫做「詠歸舍」，其後才改稱「善鄰書院」。「詠歸舍」的取名，出自《論語·先進》的「侍坐章」中所記孔子弟子曾晳的一段話：「暮春者，春服既成，冠者五六人，童子六七人，浴乎沂，風乎舞雩，詠而歸。」當中的「詠而歸」是滿懷興奮，帶着輕快的心情歸去的意思，也許這正是他當時心境的反映。其後，學校的規模擴大了，學生人數增加了，於是改名為「善鄰書院」。

根據宮島大八自己所述，「善鄰書院」的取名，跟「《語》曰:善鄰親賢為國之寶」有關。不過，《論語》中只有「德不孤，必有鄰」與之較為接近，並沒有「善鄰親賢」那樣的話，倒是《春秋左氏傳》隱公六年中有所謂「親仁善鄰，國之寶也」的一句話，應是「善鄰」二字之所本。大八之言，可能出於誤記。

宮島大八在中國留學的七年中，一直師事曾國藩的弟子張裕釗（廉卿），汲取了桐城派考據、理義、詞章並重的學風，既尊崇傳統的儒學，也取法唐宋八大家的為文之道，此外，他還學習了張裕釗要復興唐以前書法的運筆，並把中鋒寫法的書風帶回日本去推揚。

「詠歸舍」所教的，主要是中國語學和中國文學。改名為「善鄰書院」之後，才進行較為全面的漢學和中國語學的教育。當中，尤其重視道德修養，推崇儒學思想和孔子之教。宮島大八在其《善鄰書院主意書》中一再強調這方面的重要性，認為「孔教之消長關係支那之存亡，亦關係亞細亞之盛衰」。可見他對中國傳統文化主流的儒家學說，採取了如何肯定的態度。

由於宮島大八在教育理想和教學目標方面都有異於一般的語言學校，加上當時在日本的中國語學界之中，具備他那樣背景和豐富學養的師資並不太多，所以，善鄰書院成為其時漢語文教育的重鎮。培養出來的學生，也並非純然是語文能力方面的專才，而是學者型的、或更是國家所需而有志於大陸發展的所謂「國士」型的。這是宮島大八的教育宗旨，多少也是其父宮島誠一郎理想的延伸。

明治詩人詠香港

宮島誠一郎是幕末至明治時期的詩人兼政治家，在政壇上表現得相當活躍，自對外的關係方面來說，他的政治理念是「聯華防俄」。對內的政治問題來說，他站在更新的一方，贊成「王政復古」，並積極從事「尊王倒幕」的運動，對明治天皇自幕府將軍奪回政權的所謂「大政奉還」過程，作出了一定的貢獻。所以，進入了明治當政時期之後，他屢任要職，仕途得意。

由宮島誠一郎的際遇，令我聯想到另一位跟他約略同時而稍早的漢詩詩人成島弘。成島弘生於公元一八三七年，卒於一八八四年，主要活動的年代，也在幕末至明治期間。然而，若以仕途而言，他卻剛好跟宮島誠一郎相反，在明治元年（一八六八年）之前的幕府年代，他還曾擔任過一些官職，但進入了明治時期，他就一直未再任官，而以在野之身，從事教學和寫作，但依然留心政治、關心世局。他曾於東京淺草的本願寺設立學舍，教授生徒，又曾擔任《朝野新聞》的社長，以輕鬆灑脫的筆調，鍼砭時事，很有文名。

除了撰寫幽默諷刺的文字外，他還特別用心於漢詩的創作。明治初年，他曾創刊《花月新誌》雜誌，刊登漢詩漢文的作品，他自己也儼然成為漢詩壇的領袖人物，指導別人寫漢詩。

成島弘是個很有才情的漢詩作家，作品內容情景多端，奇思豐富，而且往往譏諷時弊，寓意深刻。

成島弘的漢詩還有個特點，就是他不避以新事物、新名詞入詩。這方面，他是表現出有點創新精神的，也可能跟他曾經到過外地，甚至遠赴歐美各國遊覽，對新事物的認識較為豐富有關。

説到他的旅遊經驗，我們又不免聯想到他所寫有關吟詠各地風物的詩篇，當中亦有包括我們香港在內，我們姑且引錄一下，以看看他眼中的香港，印象如何，成島的《香港》是首七絕，內容是這樣的：「層層巨閣競繁華，百貨如邱人語譁。此際誰家賣秋色，幽蘭冷菊幾盆花。」讀到這樣的描述，大抵我們多少也可猜想到百多年前的香港，究竟是怎樣的一個模樣吧。

市格

明治詩人成島弘的詠《香港》詩，雖然僅得短短的四句，沒有對其時香港的面貌、市容或風土人情作很細緻的描述，但卻頗能勾勒出香港這個城市的特色和社會本質。詩的前兩句說「層層巨閣競繁華，百貨如邱人語譁」，說明了香港給人的整體印象，既是個高樓大廈林立的熱鬧城市，又是個百貨薈聚、商業活動頻繁的地方。而詩後兩句所說的「此際誰來賣秋色，幽蘭冷菊幾盆花」，則表明了香港是個只顧做買賣的地方，人們就只知營營役役地去活動，辜負了大好的秋色風光，徒令蘭幽而菊冷而已。這兩句也反映了作者雖身處鬧市之中，仍不失其閒情雅趣，因而有此獨特的體會。表面上，詩的前兩句跟後兩句不易連屬在一起，作者如此寫來，亦足見其觀察力的特殊了。

事實上，「層層巨閣競繁華，百貨如邱人語譁」，雖然說的是百多年前的景象，但拿這兩句話用來形容今天的香港，其實依然管用，只是規模上有所不同而已。「層層巨閣」固然無法跟今天相比，而「競逐繁華」的景況，也是於今尤烈，至於「百貨如邱」，更是毫無遜色。香港成為「購物天堂」的美譽，早已遐邇馳名，遠非成島弘寫詩時所可比擬了。倒是「人語譁」的現象，則仍然古今如一，並無改觀。喜歡喧譁嘈吵，彷彿是此地居民的習性似的，我們試看周遭的生活環境，即使不一定是茶樓食肆，娛樂場所，但到處都是人聲喧譁、哄哄鬧鬧的，就算久居此地，相信都不難體會到香港是個喧囂吵鬧的地方，更何況是外來的過客呢，這種印象就一定更為深刻了。只是，我們一般人也許沒有想到，這種現象實在其來有自，百餘年前經已如此而已。

要是城市也像個人般有其本身的個性和品格的話，那麼，「層層巨閣競繁華，百貨如邱人語譁」真可説是表現了香港一貫以來的個性和本質，説它是香港的「市格」之一，應該是雖不中不遠的論斷了。

除了《香港》一詩外，成島弘還寫了不少吟詠各地風物的詩篇，我們不妨續選幾篇來談談。

成島弘的遊歷詩

一

就像各人總有其本身的個性和材質、表現出不同的「人格」一樣，不少城市也彷彿有其本身的「市格」，顯示出它與眾不同的特色。以香港而言，它一直就是個人口密集、商業活動頻繁的城市，人們熙來攘往、營營役役，大都忙於買賣，以逐利為中心。所以，成島弘所詠的《香港》詩，雖然說得較為簡括，但還是可以把香港的「市格」刻劃出來。除了《香港》外，成島弘還寫了不少吟詠各地風物的遊歷詩，不過，並非都在表現各地不同的「市格」，反而大都寫出了異域的風光、作者的觀感或者是他鄉關之思。

如他寫倫敦，他的《倫敦府雜詩》有這樣的一首：「汽車烟接汽船烟，四望冥冥不見天。忽地長風來一掃，倫敦橋上夕陽妍。」詩中的「汽車」，其實就是「火車」，這是日語跟漢語不同的用法。整首詩內容所寫的，正是橫跨泰晤士河的倫敦橋上的景象，可說是典型的異域風光。

又如他寫越南的西貢，他有一首《塞昆》詩，內容是這樣的：「夜熱侵人夢易醒，白沙青草滿前汀。故園應是霜降節，驚看蠻螢大似星。」詩題所謂的「塞昆」，其實是「西貢」二字日語拼音的漢字寫法，也作「柴棍」，在我們看來，無論作「塞昆」或「柴棍」，總覺很有些怪異，相信很難聯想到那竟然是「西貢」。

詩中所寫，固然是作者在西貢旅次時的感受，但從內容看，則不見得跟西貢的風物有直接的關係，更說不上足以表現出西貢的「市格」了。因為「夜熱侵人夢易醒，白沙青草滿前汀」的景象，差不多在熱帶很多地方都如此，並非西貢所獨有，至於「故園應是霜降節，驚看蠻螢大似星」，則是摻進了作者在旅遊中的鄉關之思，也可看成他這類詩作的另一典型。

二

成島弘的遊歷詩，可以說都是他到各地旅遊時個人觀感的紀錄，不過，表現出來的寫法卻各有不同，形成了描述重點和取向上的多樣化。

正如我們分析過的，他寫《香港》，主要是寫出了香港這個城市與眾不同的特色和社會本質。而他當時所得的印象，竟又與百年後的今天是那麼的近似，令人感覺到，他的確可以勾勒出香港的「市格」來。

他寫《塞昆》（西貢），卻又是另一種手法，主要寫的是作者身處西貢時的感受，表述出熱帶城市的風貌，所謂「白沙青草滿前汀」、「驚看蠻螢大似星」，固然是他當時眼前的景物，但卻不是直接描繪西貢本身的特色。至於「夜熱侵人夢易醒」、「故園應是霜降節」的詩句，則更是就眼前處境而作的描寫與聯想，都屬於側面性的襯托方法，而與直接述說西貢本土的風物無涉。

他的《倫敦府雜詩》，則主要就倫敦的風貌，作較為客觀性的描述，而且大都捕捉眼前的景致來寫。如我們先前所舉的那一首，所謂「汽車烟接汽船烟，四望冥冥不見天。忽然長風來一掃，倫敦橋上夕陽妍」，可以說完全是霎時間的情景與印象。

除了我們所提過的幾首詩作外，成島弘還有一首遊歷詩是頗獲好評的，那就是《那耶哥羅觀瀑詩》。所謂「那耶哥羅」，就是我們一般所稱的「尼加拉加」，即指位於北美洲美加兩國國境之間的大瀑布，那是世界上最大的瀑布之一。成島弘曾遊於此，寫下了這樣的一首詩：「客夢驚醒枕上雷，起攀老樹陟崔嵬。夜深一望乾坤白，萬丈珠簾捲月來。」這首詩的寫法跟先前所提的又很不相同，詩中較少用寫實的、具體的語詞來描繪眼前景色，而以比喻的、象徵的手法來寫出瀑布的氣象；筆力相當矯健，充分反映出瀑布的壯觀和氣勢，可說是篇成功之作。

本來，成島弘的遊歷詩有一個特點，就是不避新名詞、新事物，但這首《那耶哥羅觀瀑記》，除了題目之外，基本上都用上了較為傳統的意象。

幸是先生未賣身

明治時期的漢詩作者中，成島弘跟宮島誠一郎相類，都可說是詩人而兼政治家，在政壇上都曾有過不同程度的活躍表現。不過，兩人在政治路向的選擇上卻並不相同。宮島誠一郎贊成「王政復古」，積極從事「尊王倒幕」的運動，為明治天皇自幕府將軍手中奪回政權、結束幕府統治作出一定的貢獻，因此，步入了明治當政之後，宮島仕途得意，屢任要職。可是，跟這種主流想法相違背的，是成島弘似乎較為偏向幕府政權方面。他在「明治維新」（公元一八六八年）之前的幕府將軍執政年代，還曾出任過一些官職，出掌過幾個不同類型的職位，但進入了明治當政之後，他就一直未再任官，而以在野之身，設立學舍，開辦《朝野新聞》報刊，從事教學和寫作的工作。

成島弘雖然不再任官，但他依然關心世局，留心時事；並經常以輕妙灑脫的筆調，鍼砭時弊。他那種寓意深刻而幽默諷刺的文字，很受讀者歡迎。另一方面，他自幕府倒台之後便終生不仕，除了顯示他的政治立場，不支持明治新政府外，他也自覺地認為這跟個人的節操有關。在一首題為《庚午元日》的詩作中，他這樣地說出了自己的心聲：「婦子朝來掃甑塵，蕭條破屋又新春。賣書賣劍家貲盡，幸是先生未賣身。」所謂「庚午元日」，指的是明治維新後的第三年（公元一八七零年）陰曆歲次庚午的元旦日，是他在那天有所感而作的詩篇，所以又題作《歲旦口占》或《歲旦口號》。詩的前三句，在慨歎自己家境的清貧，於蕭條破產之中，除了斷炊之外，還得變賣書劍才可渡過新歲。當中的「掃甑塵」，用的正是東漢范丹「甑塵釜魚」的故事，表示自己窮至絕粒斷炊，非要變賣東西不可。然而，無論變賣甚麼東西也好，他是不會出賣自己的，這就是詩中最末的一句：「幸是先生未賣身」。而這一句，其實亦正是他這詩的詩旨所在。

在新舊政權交替過程中，總不免有人脅肩諂笑，奔走競逐，以逢迎新貴；但同時亦往往會有些貞固之士，忠於故主，緊守節操，不肯隨俗浮沉。成島詩中所謂「幸是先生未賣身」，恐怕不單在自鳴清高，還更在指斥那些不惜自我否定，出賣自己的齷齪小人。

武器與戰禍

「殉難殞命非戰士，被害總是無辜民」，是確切的反映，在無情的戰火之下，受苦受難的總是無辜的百姓。

賣書買劍歌

一

成島弘在其《庚午元日》的詩作中，極言自己家境的清貧，全詩大意在說：元旦了，妻子還得由朝早開始便拂掃着甑中之塵（有如東漢范丹「甑塵釜魚」的情況一樣，窮至絕粒斷炊），在一片冷寞蕭條的破屋中，新春又已到臨。甚至家中的書籍和刀劍也非得變賣不可，家財真是一無所有了。然而，儘管如此，猶幸自己沒有把軀體也出賣掉。

詩中所述，恐怕只是虛寫，並非真實的境況。雖然成島弘在幕府倒台之後便不再任官。但寫這詩時，僅是明治政府當政後過了兩年而已，他應該不至於一窮至此。何況，他其後還遠赴歐美旅遊，當時斷無要弄到如斯狼狽之理。其實，他整首詩的要旨，在說出改朝換代之後自己所堅守的立場和節操。所謂「幸是先生未賣身」，就是要表明大時代變動中自己所持守着的骨氣，並從而隱隱指斥那些喪失立場、未能忠於故主、「賣身」以事新朝的人。事實上，他其後也的確終生未再在明治政府中出仕任官。從他的想法來說，是始終沒有把軀體出賣掉，可說是切實而信守不渝地保持了自己的節操。

成島弘的詩，除了屬於遊歷性質的作品之外，往往跟他以時事為題材的文章一樣，含有較多的諷刺意味，《庚午元日》可說亦屬於這一類。而從詩中「賣書賣劍家貲盡」一句，不禁又使人聯想到他另一首題為《賣書買劍歌》來，詩中所述，其實同樣含有諷刺意味：「六經廿一史，口誦而手刪。勸君莫誦經，辛苦誰得為孔顏。勸君莫讀史，遷固才筆不可攀。書生徒有靦面目，畢生無手援惸鰥。一朝翻然倒筐篋，千卷換得錢幾鍰。去向東市購孤劍，老鐵之鍔古銅鐶。此物不知果何用，提舞自欲振羸孱。霜釯凜兮吾氣奮，心兵出沒天地間。有時乎秘之匣底，有時乎加之百蠻。休道一劍不足學，方今無人力拔山。」

這是首七言古詩，所詠唱的是要人們賣書而買劍。其中旨意，大抵在諷刺習慣了安逸舒適生活的男性，表現得過於軟弱，缺乏剛健勇毅的氣概，因此而有此主張。在日本，刀劍代表了武士英魂，並不視為「不祥之器」；作者的用心，似乎有意在提倡日本「尚武」的精神和傳統。

二

成島弘的《賣書買劍歌》，鼓吹人們要把書本變賣掉，然後用錢購買刀劍回來；顯然在主張「輕文重武」，甚至是「棄文」而「專武」。他這首詩究竟有甚麼特定的針對目標，我們不大了解，但「讀書無用論」的意旨，卻是相當清楚的。他認為：六經也好，廿一史也好，無論你是怎樣的用功，口誦手寫，但讀經的不可能成為孔子、顏回，讀史的也無法達到班固、司馬遷的成就。一介書生，徒得靦覥怯懦的表情而已，對於救助孤寡困窮，可說是毫無作為。倒不如翻箱倒匣，把千卷書籍變賣掉，換取金錢去市街買把刀劍。提劍而舞，可以振羸起弱，對着澄白如霜的鋒芒，亦可以令人意氣奮發。不必用時，可把刀劍秘藏匣底；應用起來，也可以將之施諸凡百外夷身上。別說一劍是不足學的了，如今已沒有表現出力足拔山的蓋世豪傑。

所謂「休道一劍不足學，方今無人力拔山」，用的都是項羽的典故，應該就是這詩的旨意所在。大抵在譏諷生活於安逸環境中的男士、書生，表現得過於文弱，缺乏剛健氣度，忽視了日本傳統的尚武精神，因而他要提倡「賣書」而「買劍」，跟《庚午元日》詩所說「賣書賣劍家貲盡，幸是先生未賣身」，指的是完全不同的兩回事。

本來，照《史記．項羽本紀》所載，項羽少時學書不成而去學劍，但又不成，給其叔父教訓了一頓，說書本只是記名載姓的知識，學劍也僅可敵一人而已，都不足學，要學的應該是可敵萬人的兵法。而成島弘在這首詩中，即慨歎其時的日本，就連學習足敵一人的劍法而具有英雄氣概的，也絕無僅有了。

《老子》說：「兵者不祥之器，非君子之器，不得已而用之。」但一般日本人的看法並非如此，他們向來視刀劍為男子之所好，武士英魂之所寄。不單把鑄劍、舞劍看成藝術表現，而且朝夕將之研磨，亦認為可以對內心起着淨化的作用。至於「日本刀」本身，當然也就被大部分日本人視為足以誇耀世界的「藝術品」了。事實上，「日本刀」之著名，也是其來有自的，宋代大文豪歐陽修即寫有一首《日本刀歌》，欣賞其製作的精巧。

《日本刀歌》

一

從成島弘的《賣書買劍歌》，聯想到宋歐陽修的《日本刀歌》，並非因為這兩首詩在內容和主題上有甚麼特別的關連，而只在於説明，被一般日本人認為足以誇耀世界的「藝術品」——日本刀，的確早已馳名。即使以製作技術已臻先進之列的古代中國而言，也往往視之為寶器，甚至認為在製作方法上有所不及。所以，由宋到明的中日之間的商品貿易中，日本刀佔了一個可觀的比例，成為日本進口中國的一項重要商品，在市場上很受歡迎。

不過，歐陽修的《日本刀歌》，其實並非集中寫日本刀，而是通過日本刀來歷述中日之間的關係和他對日本的印象，當中還特別提到了尚存於日本的中國「逸書」。詩篇雖然以「日本刀」為題，但反而描述日本刀的詩句不太多。原詩頗長，姑具引如下：「昆夷道遠不復通，世傳切玉誰能窮。寶刀近出日本國，越賈得之滄海東。魚皮裝貼香木鞘，黃白間雜鍮與銅。百金傳入好事手，佩服可以禳妖凶。傳聞其國居大島，土壤沃饒風俗好。其先徐福詐秦民，採藥淹留丱童老。百工五種與之居，至今器玩皆精巧。前朝貢獻屢往來，士人往往工詞藻。徐福行時書未焚，逸書百篇今尚存。令嚴不許傳中國，舉世無人識古文。先王大典藏夷貊，蒼波浩蕩無通津。令人感激坐流涕，銹澀短刀何足云。」

歐陽修這首詩雖然寫得頗長，但主要的內容是從越國商人得自滄海東的日本刀説起，然後歷述中日之間的往來和關係。不單説到了作為宋代前朝的唐代期間彼此頻繁的交往，而且還上溯至秦時徐福入海求仙的故事；再進而説到了他所了解的日本情況。其中包括了：日本是大島國，土地沃饒、風俗良好，各行各業都齊備，而器物製作也相當精巧。至於讀書人，亦往往善於文辭寫作。此外，日本還保留了不少中國已經散佚的典籍遺書。對於這些典籍遺書，歐陽修認為那是因為「徐福行時書未焚」的關係，雖然未必合乎歷史事實，但保留這些在中國已散佚的典籍文物，就文化承傳的角度而言，的確貢獻重大。

二

歐陽修的《日本刀歌》，雖然以日本刀為題，但卻並非只集中於日本刀的描寫，還包括了歐陽修對日本的印象和了解。在他心目中，日本除了是個大島國、民眾是徐福後人之外，還有「土壤沃饒風俗好」、「至今器玩皆精巧」、「士人往往工詞藻」、「逸書百篇今尚存」等特殊之處。歐陽修的認識雖未稱得上周備，但已算是相當客觀的了。畢竟這只是首七言古詩，而且以詠刀為主，自然不可能作全面性的説明和鋪敍的。

對於作為主題的「日本刀」，詩中着墨不算多，但在歐陽修眼中，所謂「寶刀近出日本國」，仍然視之為「寶」，並且提到了它的兩個特點：一是鋒利，二是可以辟邪。詩開始的兩句「昆夷道遠不復通，世傳切玉誰能窮」，即在說明日本刀的鋒利，「昆夷」當是「昆吾」之誤，照《山海經·中山經》「昆吾之山，其上多赤鋼」，「色赤如火，以之作刃，切玉如割泥也；周穆王時西戎獻之，《尸子》所謂昆吾之劍也。」則歐陽修的意思，正要利用此一典實，以顯出日本刀是如何的鋒利。至於詩中「百金傳入好事手，佩服可以禳妖凶」兩句，則在說明日本刀有辟邪的作用。這種跡近迷信的說法，歐公似乎不大相信，所以才說是「好事手」(喜好多事者)之所為。因此，歐公之稱賞日本刀，大抵以其製作精巧、刀刃鋒利的一面為主。

關於日本刀劍在製作上的精巧、刀刃上的鋒利，別說北宋期間了，就是到了明代，它依然一直保持着那難以企及的特色和優點。明代科技名著宋應星的《天工開物》，其中《五金篇》即曾提到：「其倭夷刀劍，有百煉精純，置日光檐下，則滿室光輝者。」而《錘鍛篇》亦提及：「倭國刀背闊不及二分許，架於手指之上，不復欹倒。不知用何錘法，中國未得其傳。」宋應星是我國古代治學嚴謹的科學家，他「滿室光輝」的描述，相信不會是故作誇張的說法；而「中國未得其傳」這句話，也必定是客觀而有根據的論斷。間有論者以為日本刀因歐陽修的詩作品題才廣受注意，恐怕不會是事實。

「坐中燭明魑魅遯」

歐陽修的《日本刀歌》，雖然原詩頗長，但真正歌詠「日本刀」的詩句卻並不多，只着重了説明它的兩個特點：一是刀刃的鋒利，二是可以辟邪。其他各句，寫的便都是中日之間的文化交流和歐陽修對日本風土人情方面的了解。不過，跟歐陽修約略同時，也是他好友之一的另一北宋詩人梅堯臣，在主題相類的另一詩作中，則是較為集中去描寫。那同樣是一首七古，詩題叫《錢君倚學士日本刀》，全詩內容是這樣的：「日本大刀色青熒，魚皮帖欛沙點星。東胡腰鞘過滄海，舶帆落越棲灣汀。賣珠入市盡明月，解絛換酒琉璃缾。當壚重貨不重寶，滿貫穿銅去求好。會稽上吏新得名，始將傳玩恨不早，歸來天祿示朋游，光芒曾射扶桑島。坐中燭明魑魅遯，呂虔不見王祥老，古者文事必武備，今人褒衣何足道。干將太阿世上無，拂拭共觀休懊惱。」

梅堯臣這首詩的寫法，明顯跟歐陽修的不同，他緊扣着主題，作重點的描述。在詩中，他除了讚揚日本刀的製作精巧、裝飾華美之外，還提及了它是如何的受國人喜愛，拿來「傳玩」;又把它跟中國古代名刀與寶劍相比，認為都是稀世奇珍，都是值得賞翫之物。

梅堯臣的寫法，雖然跟歐陽修不同，但對於日本刀特點的理解，彼此還是一致的。在歐陽修詩中，喻示了日本刀的鋒利，可跟我國古代切玉如割泥般的「昆吾劍」相比；而佩戴起來，又可禳除妖凶，辟邪治惡。梅堯臣的詩中，同樣提到日本刀的鋒芒鋭利，所謂「光芒曾射扶桑島」、「坐中燭明魑魅遯」，固然是極其誇張渲染之能事的描寫，但所指日本刀的特點，跟歐陽修其實並沒有兩樣。

雖然有人認為「禳妖凶」、「魑魅遯」之類的説法幾近迷信，但其實亦跟日本刀的鋒利有關，正如《天工開物》所説的「置日光檐下，則滿室光輝」，要是提劍出鞘，有若「坐中燭明」，那魑魅魍魎不遠遠逃遁才怪，因為：一切妖魔鬼怪，都只能暗中作祟而怕見光明的，更何況，那是鋒利無比的光芒哩！

從兩首詠刀詩談起

北宋兩位約略同時的大詩人歐陽修和梅堯臣先後寫了題詠日本刀的詩作，歐陽修的《日本刀歌》雖然更為人所知，但梅堯臣的《錢君倚學士日本刀》則緊扣主題，描寫得更為集中。不過，兩者對日本刀的欣賞，都同樣着重在它的兩個特點：一是製作精良，刀刃鋒利；二是可以禳除妖凶、辟邪治奸。

正如我們先前所分析過的，說日本刀之能禳除妖凶，令魑魅遠遁，用意不在令人迷信，以為日本刀果有驅魔治鬼的能力，而只在以誇張渲染手法，突出地襯托出日本刀在製作錘鍛方面的特別精良，鋒刃的特別銳利而已。歐詩中所謂「百金傳入好事手，佩服可以禳妖凶」，已認為是「好事手」的所為；而梅詩中所謂「光芒曾射扶桑島」、「坐中燭明魑魅遯」，也只在顯出日本刀的鋒芒畢露，有若座中燭明，讓習慣於暗中作祟的鬼怪不得不遠遁而已。用意都並非要說明日本刀有甚麼神秘莫測的超然力量。

從歐、梅這兩首詩，可以使我們認識到日本刀劍的製作，其工藝水平到了我國北宋年代，即使不會超過我國，至少也不遑多讓了。至於到了明代，讀到了像宋應星《天工開物》中所謂「其倭夷刀劍，百煉精純」與及「不知用何錘法，中國未得其傳」之類的說法，就知道其時日本刀劍鍛製技術已比我國先進，應該是毫無疑問的事情。

宋應星「不知用何錘法，中國未得其傳」的說法，所指原是「倭國刀背闊不及二分許，架於手指之上，不復欹倒」的精巧製品，但從明代多次自正規貿易的船隻中已共輸入二十二萬把日本刀的統計數字來看，則日本刀在中國之廣受歡迎，可見一斑。不過，正如其他方面的文化活動一樣，日本刀劍的鍛製技術，其先也是傳自中國的。不但在日本曾經出土過刻有東漢靈帝年號的鐵刀，而且《魏志・倭人傳》中也有曹魏曾向日本贈送刀劍的記載，則漢刀應對日本刀劍的鍛製技術有一定的影響，只是其後的發展卻是青出於藍，我們反而要從日本大量輸入呢。

明代倭寇為患甚烈，除了商業活動方面輸入日本刀外，武將們亦紛紛研究日本刀法，或在兵書上有《日本刀譜》之類的著述。

也許就因為製作技術的特別精巧之故，明人著述之中提到日本刀的地方比較多，除了《天工開物》外，張燮在《東西洋考》一書中曾有這樣的描寫：「倭刀甚利，中國人多鬻之。其精者能卷之使圓，蓋百煉而繞指柔者也。」徐焞也在《筆精》中描寫曾經指揮過跟倭寇作戰的胡宗憲所得的一把倭刀，亦有這樣的說法：「嘉靖中，胡總制宗憲有軟倭刀，長七尺，出鞘地上卷之，詰曲如盤蛇，舒之則勁自若。」（以上俱見胡錫年先生《古代日本對中國的文化影響》一文所引）要是這些描述都是實錄的話，那日本刀劍的精煉程度的確非同小可。試想：刀劍竟然可以屈伸自如，那將是如何的方便。至於「詰曲如盤蛇，舒之則勁自若」，如果不是過分的誇張，那又的確是一件很厲害的武器。

不單日本刀本身深受明清時期軍事家、武術家所注意，日本刀法也特別受到重視，明朝名將戚繼光在其所著的兵書《紀效新書》中即特別載錄有「日本刀譜」。明人茅元儀所輯《武備志》中也特別載有日本隱流刀法六勢。而明代武術家程宗猷亦曾經向「得倭之真傳」的名師學習刀法，並將日本刀法整理為三十四勢。且一一加以命名，詳細地説明其招式，這些都可見明人對武術的發展，日本刀法成了一個重要的內容。

不幸的是，日本刀到了侵華戰爭期間，卻成了大量屠殺我國無辜平民百姓的工具。

地震詩

一[1]

日本國境不大，卻集中了全世界一成左右的活火山，是個著名的「火山國」；又因處於地震帶，幾乎經常都有或大或小的地震，所以又稱為「地震國」。本世紀初的「關東大震災」以及今年初的「神戶大震災」，前者死傷者超過十萬，後者罹難者也在數千之數，只是破壞過大然後廣為人知而已。事實上，一直以來，日本都備受地震這種自然災害的威脅，不過，由於過去城市的規模沒有如今那麼大，人口也沒有現在那麼集中，所造成的災害較小，才不及上述兩次地震那麼受人注意罷了，但對一個僑居日本的外國人來說，地震的印象仍然是深刻的。

明末渡日漢人陳元贇，即曾寫了首地震詩，記述他的一次經歷，詩題是《寬文壬寅五月朔山城大地震·五月姤卦》，內容是這樣的：「一陰突起敵五陽，地底鳴雷轟戰場。天上鈎鈐星拆墜，海中鰍鱓浪翻洋。懸知世界風輪轉，莫認扶輿震鼓鏜。石裂山崩羣動虩，無傷何得獨無傷。」

詩題的「寬文壬寅」，即日本寬文二年，亦即清康熙元年，公元一六六二年；「五月朔」，即五月初一日。而所謂「五

1 本篇（一）之內容原刊於《香港聯合報》，1995 年 3 月 9 日。

月姤卦」，即指《易經》的《姤》卦的卦象而言，「姤」的卦象是巽下而乾上，即六爻之中，上面五爻都是陽爻，最下的一爻才是陰爻，故詩開首的一句說「一陰突起敵五陽」。「一陰」象徵在地下作動的那一股力量，它突然發動起來，足以跟地上的「五陽」為敵，令到「地底鳴雷」，「轟」然有若「戰場」。詩人所以要以「姤」卦來形容地震，固然在於此卦說的是「女壯」，有「陰盛」的含義；但其實更在於此卦只有唯一的陰爻而居於最底，有如地震之自地下發動的那一個象徵意義。

至於詩中的三至六句，明顯地在說地震時所引起的天崩地裂的感覺，「鈎鈐」，是上天二十八宿之一的房星北面的二小星；「鰍鱓」是指海底的鰍鱔；但都要「拆墜」，都要被「浪翻洋」，可見地動山搖的厲害。而所謂「石裂山崩群動虓，無傷何得獨無傷」，說的正是地震一來，是沒有甚麼不驚懼的，甚至在地底名叫「無傷」的人也不可能單獨無傷，難以倖免。

二

地震是一種自然的現象，來時速，去時快；它可以預測，卻難以預防。規模大之時，也往往只是禍起於瞬間，驟生遽變，便造成了極大的災害。即使規模較小，但猝然而至，心理上毫無準備，會感到莫大的震撼。當你猛然醒覺那是地震了，它卻又倏然而逝，即便期待它能立刻接續搖動，但它又不會再出現，也不知它甚麼時候會再出現。地震，給人的感覺是自然力量的神奇、巨大，人類本身的無奈、藐小。

描述地震這種自然現象的詩篇不太多，陳元贇這首《寬文壬寅五月朔山城大地震．五月姤卦》的詩作已經是較為少見而特殊的了。正如我們所提過的，他用《易經》中《姤》卦由「巽下」（即二陽爻一陰爻）「乾上」（即三陽爻）合起來而成「☰☴」的樣子，認為是「一陰敵五陽」之象，正象徵地震由地下搖動（一陰）以影響地上一切（五陽）的模樣。加上《姤》卦本身說的是「女壯」，正是陰強、陰盛之象，用來比喻地震，很是貼切。所以首兩句所謂「地底鳴雷轟戰場」，是既巧妙而恰當的形容。

至於詩中的兩聯，所謂「天上鈎鈴星拆墜，海中鰍鱓浪翻洋」，是形象地描述地震對上天下地造成搖動、震撼那股力量的厲害，連遠遠的「鈎鈴」二星、深藏海底的「鰍鱔」之類都無可逃避、倖免。而「懸知世界風輪轉，莫認扶輿震鼓鏜」，則在說地震的威力，已是足以轉動世界的風輪，而並非只是震動鼓鏜的「扶輿」（旋風）了。到了最後兩句：「石裂山崩群動虩，無傷可得獨無傷」，根據作者的自注，說「無傷」指的是人名：「地下有人名無傷，見《太平廣記》。」所以這兩句的意思是一切生物類（群動），包括活在地下的「無傷」，地震一來，是沒有可能不驚懼、害怕的。「虩」，就是恐懼的意思，《易經．震》卦亦有「震來虩虩」之語，大抵即為陳氏所本。

這首地震詩，雖然對地震帶來的天搖地撼、石裂山崩有比較深刻的描述，但卻毫無提及任何屋塌人亡之類的災情。也許，當年這場發生於「五月朔」的地震，還未致造成太大的災害吧。

《原爆行》

一[1]

抗日戰爭結束了五十年，我們所採取的態度是「以德報怨」，沒有叫日本人賠償，也沒有要求日本人道歉。而日本國會，既沒有賠償，竟然還在「應否道歉」的問題一再糾纏，甚至有些政府的官員，即使位置不低，也一再否定了戰爭的責任，出言不遜，刺激起亞洲其他國家人民的感情，引起公憤。這在其他國家是比較少見的，自己挑起戰爭，自己犯錯，理應道歉、謝罪，這有甚麼困難呢？可是，日本政府卻一再拖延，甚至還有些死硬分子，不但沒有絲毫悔意，並且更進一步認為那場侵略戰爭是「解放」亞洲人民的戰爭，要竄改教科書、要在靖國神社參拜戰犯，他們的想法，實在匪夷所思，令人感到有點莫名其妙。

在不少日本人的想法中，大抵認為他們並沒有給中國打敗，只是敗在原子彈手中。最近美國總統認為投下原子彈是正確的，因為它可以提早結束戰爭，間接挽救了不少人的性命。這本來是很合理的推斷，但日本人卻不如此想，他們認為自己才是戰爭的受害者，因為除了日本，人類從來沒有用過原子彈於實戰之中，「唯二」的兩個都落在日本，他們不是戰爭的受

1 本篇（一）之內容原刊於《香港聯合報》，1995 年 8 月 4 日。

害者嗎？其實，這種想法並不太合邏輯，因為其時的日本，雖然居於戰爭末期，民生已日形困苦，大部分的物資都並不足夠，而且經常生活在轟炸、逃難之中，可是他們還去「死纏爛打」、一直在進行着幾乎是無法取勝的戰爭，甚至想到了「神風特攻隊」，目的不外把無法取勝的戰爭拖延下去，所以，要不是投下原子彈，也許戰爭還得拖一段較長的歲月，而人民的損耗也肯定比現在更大。然而，一般的日本人都並不這樣想，他們只想到原子彈奪去了無數無辜者的性命，沒有想到，追源溯始，正是他們自己一手造成的。

公元一九四五年（昭和二十年）八月六日，美國在廣島投下了第一枚原子彈，一下子便殺傷了二十多萬人，那時的日本人，對於殺傷力如此巨大的武器一無所知，報紙上稱之為「怪彈」。數日後，又在長崎再度投下，再奪去了數萬人的性命，這時的日本，才如驚弓之鳥，不得不無條件投降。

二

對於原子彈的威力，日本人當時一無所知，只知道是殺傷力極大的武器。敵方有了這種武器，日本人已知無法抵禦，只好無條件投降。而連續八年的抗日戰爭固然宣布結束，就是世界大戰也馬上停止。戰爭結束之後，亦因為有了這麼樣的武器，使窮兵黷武的戰爭販子，不至於貿貿然發動戰爭，人類因而得到一段較長時期的安定，可以從事和平建設，這不是我們「止戈為武」、「以戰止戰」思想的具體例子嗎？

對於當時的原子彈，土屋久泰先生寫了一首《原爆行》，描述了炸彈投下時的慘狀，全詩是這樣的：

怪光一綫下蒼旻，忽然地震天日昏。
一剎那間陵谷變，城市臺榭歸灰塵。
此日死者三十萬，生者被創悲且呻。
生死茫茫不可識，妻求其夫兒覓親。
阿鼻叫喚動天地，陌頭血流屍横陳。
殉難殞命非戰士，被害總是無辜民。
廣陵慘禍未曾有，胡軍更襲崎陽津。
二都荒涼雞犬盡，壞牆墜瓦不見人。
如是殘虐天所怒，驕暴更過狼虎秦。
君不聞啾啾鬼哭夜達旦，殘郭雨暗飛青燐。

土屋久泰先生，別名竹雨，是山形縣鶴岡人。他曾參與創設日本的大東文化協會、大東文化學院，也創建了藝文社，發行了專刊漢詩漢文的《東華》雜誌，參加了詩社的指導工作，門人弟子眾多，是個出色的漢詩作者。

至於《原爆行》，因日本稱原子彈為「原子爆彈」，一般即簡稱之為「原爆」。詩中大體能夠客觀而真實地描述原子彈投下後所造成的傷害和慘狀。所謂「怪光一綫下蒼旻，忽然地震天日昏」，可說是實錄。至於「此日死者三十萬，生者被創悲且呻」，也是真實的描述。而「殉難殞命非戰士，被害總是無辜民」，亦是確切的反映，在無情的戰火之下，受苦受難的總是無辜的百姓。

說到「如是殘虐天所怒，驕暴更過狼虎秦」，自然是見仁見智了。其實，誰挑起這場戰爭，誰就應該受到譴責，「廣陵」、「崎陽津」的民眾固然無辜，但還有更多更多的善良老百姓，他們又是怎樣喪失家園、流離失所，甚至無緣無故地犧牲的呢？

原爆隨想

一[1]

每年的八月六日，日本的廣島照例都會舉行盛大的集會，一方面在悼念當年死於原子彈的二十多萬廣島市民；另一方面也警惕世人，切勿隨便使用殺傷力巨大的核子武器。今年剛巧是二次大戰結束五十周年，預料集會的規模將會更大，反核的情緒也將會更高。事實上，一九四五年的八月六日，美國在廣島投下了人類歷史上第一枚用於實戰的原子彈後，八月九日再在長崎投下了第二枚原子彈，雖然殺傷力不如先前投下廣島的一枚那麼厲害，但死傷者也在數萬之譜，至此，日本除了無條件投降之外，別無其他選擇。因為，當時日本人根本上對這種殺傷力巨大的新武器一無所知，報紙上僅能稱之為「怪彈」而已，要是再不投降，還有多少個同類的炸彈會落下呢？實未知之數，加上當時對於因原子彈而受傷的人不知如何救治，所以，日本唯一能夠做的就只有無條件投降而已。

人類歷史上用於實戰的二個原子彈都落在日本，形成不少日本人都感到自己是戰爭的受害者。可是，他們有沒有想到，在中國大地，在其他國家、地區，究竟又有多少無辜民眾家破人亡、妻離子散呢？要是沒有投下原子彈，戰爭必再拖一段較

1　本篇（一）之內容原刊於《香港聯合報》，1995 年 8 月 4 日。

長的歲月，還有多少人民要繼續受害、受苦呢？直到戰後數十年後的今天，依然有人沒有從戰爭中汲取教訓，依然有人不肯對挑起戰爭作深切的反省，竟然還要在「應否道歉」的問題一再糾纏，實在有點匪夷所思。「原爆」的受害者，追源溯始，正是他們自己一手造成的。

「原爆」之禍，在當時已很酷烈，一下子便奪去數以萬計的人命，相信連投彈者也沒有想到。但這還不止，最大的遺害還在於輻射對人們的影響。戰後以來，廣島一直還有間醫院在觀察、研究受感染而死的人。在廣島的「原爆紀念館」，也記錄了不少受輻射影響的病人，是怎樣努力去表達其求生意志，最後，大都是患血癌而死的。

就因為有了兩個用於實戰的原子彈，人類在這數十年才有所警惕，無論衝突到了怎麼樣的地步，還是盡可能抑制，也許，這是「原爆」死者最大的貢獻吧！

二[2]

趁着原子彈投下廣島五十週年紀念，今年到廣島參加反核示威的人數遠較往年為多，而廣島市長平岡先生也一反傳統，除了哀悼在廣島因「原爆」而死難的日本人外，更首次對日本在第二次大戰所加於其他地區，特別是亞洲人民的苦難作正式的道歉，傳媒為此大書特書，紛紛對平岡的表現持肯定的

2 本篇（二）之內容原刊於《香港聯合報》，1995 年 8 月 10 日。

態度。

當然，站在中國人的立場來說，這樣子的道歉並不足夠，因為，還有政府代表的內閣總理，還有國家象徵的天皇，其實都應該實事求是的向中國和其他亞洲地區因戰爭而受苦受難的民眾道歉。除道歉之外，還得考慮賠償問題，必須要這樣，才算是承擔了挑起戰爭的責任，也可作為對歷史的交代。

誠然，原子彈的確很可怕，它不單可以一下子便奪去數以萬計的人的性命，而且，更可怕的，是它的後遺症。直至現在，依然還有人因感染輻射而死。而且，它的影響有多大，仍然是個有待進一步研究的問題。然而，比起原子彈所造成的傷亡，中國軍民在抗日戰爭中犧牲的人數，着實還要多很多，因此，為了警惕不讓軍國主義復活，也為了維護今後恆久的和平，日本官方是應該正式道歉的，而賠償給受苦受難的戰爭受害者，更是刻不容緩的。平岡市長的道歉，希望不只是一種姿態，而是痛定思痛的反省，更希望不只是他一個人而已，而更應該是個開始，對戰爭負責任的開始。

人類歷史上用於實戰的原子彈只有兩個，但不幸都落在日本，這好像有點天意。日本人除了認命以外，也得深切反省下，挑起戰爭的代價實在不輕。土屋久泰《原爆》詩中所描寫的情景：「……此日死者三十萬，生者被創悲且呻。生死茫茫不可識，妻求其夫兒覓親。阿鼻叫喚動天地，陌頭血流屍橫陳。殉難殞命非戰士，被害總是無辜民……」儘管所寫已很悲慘，但其實還是非常表面化，原子彈的遺害，又何止這麼簡單？

只要我們去廣島、長崎看看那裏的「原爆紀念館」，我們就會有個較為深刻的印象，它就像好戰者的烙印般，讓人們可以一再得到警惕、反省！

三

相信參觀過廣島「原爆紀念館」的，都會同意土屋久泰的描述:「怪光一綫下蒼旻，忽然地震天日昏。一刹那間陵谷變，城市臺榭歸灰塵……」這種描述，沒有半點誇張，原子彈投下的當兒，的確是如此。它所造成的破壞，實在遠超一般常識料想之外，它所招致的人命損失，相信也遠出了原先的估計。試想:一下子便奪去了十多萬人的性命，那是多麼恐怖的事情。

我們在「原爆紀念館」，看到了當時滿目瘡痍的景象，也看到了死亡者的相與枕藉，傷患者的如何痛苦呻吟；真是一片愁雲慘霧，彷似人間地獄。此外，當然還有受輻射影響的各類器皿、衣服、物品以至食物等情狀，有是燒焦的，有是變形的。有生的，無生的，都驟變於倏忽之間，「一刹那間陵谷變，城市臺榭歸灰塵」，土屋久泰所寫的，其實是真真正正的實錄。

在原爆所留下的東西中，相信令人印象深刻的應該是那「死之影」了。在原子彈爆炸的中心點，有間大廈門口，正在站着一個人，像在按門鈴似的，忽然「怪光一綫」，那人便「人間蒸發」，整個軀體也化灰塵，唯一餘下的，只有那人的身影，因為門前的階級都給燒黑了，沒有燒黑的部分正是一個人的身影，就因為有那麼樣的一個身影，後人才知道那裏曾有個人站立過，而這麼的一個身影，也就被命名為「死之影」了。事實上，在「原爆」的中心點，熱度極高，以一個血肉之軀，不被「人間蒸發」才怪，曾留下這麼樣的一個「死之影」，總算在冥冥中見證了原子彈的威力。

日本在終戰前夕，其實形勢已經逆轉，戰爭雖然一直未曾帶進日本本土，但民生已日形困苦，大部分物質都缺乏，即使沒有原子彈投下，也只是苦撐而已，戰事遲早會結束，戰敗一方也肯定是日本，最後階段所使用的「神風特攻隊」自殺式的戰術不過是短暫的續命湯，不義之戰從來就沒有成功過，原子彈的投下，只不過加速其結束，減少不必要的犧牲而已。

「神風」的神話

一

在二次大戰臨近結束的前夕，戰爭的形勢已告逆轉。日本在中國大陸固然投入了龐大的兵力，陷於苦戰之中；而美軍在太平洋的逐島戰爭，也取得了上風。所以，即使美國當時沒有投下原子彈，戰爭遲早也將會結束，而戰敗的一方也必定是日本。事實上，那時的日本國內，物資極度缺乏，民生已非常困苦，一般平民百姓，已開始感到戰爭帶給他們的災難。那時候，甚至連寺院的鐵鐘，不少也給抬走，拿去翻鑄，再製成武器，以支援前線所需。

但日本還是要苦撐下去，因為戰爭還未帶進日本本土，戰鬥依然在國外進行，不過美軍已逐步加強了日本本土的空襲，以消滅日本的有生力量。可以說，日本已漸告不支了，但它還是要苦撐下去。要不是美軍在八月六日和九日分別投下原子彈於廣島和長崎兩個城市，恐怕還要再苦撐一段日子，直至盟軍登陸日本本土為止。所以，為了早點結束戰爭，避免無辜的人民再受戰爭的苦難，看來原子彈還是要投下的。

在苦撐的日子裏，竟然給日本軍隊想出了「神風特別攻擊隊」的瘋狂行為。一九四四年十月，日本第一航空艦隊司令長官大西瀧治郎中將，為了打開戰局，下令編成「神風特別攻擊隊」，選派一些青少年，經過不太長的訓練，駕機直衝敵艦，以本身的身體作自殺式的攻擊，企圖扭轉戰局。這些青少年出征之前，已經抱必死的決心，跟家人永別。這在日本來說，製造了不少可歌可泣的悲壯故事，但從我們的觀點來看，這種幾近絕望式的作戰方式，只是一班無知年輕人的愚忠行徑罷了。

當然，不少日本人的想法，是希望「神風」可再一次挽救日本，因為在日本的歷史上，從來沒有給外族統治過，強如十三世紀的蒙古軍，曾經建立橫跨歐亞的強大帝國，先後兩次遠征日本，都無功而還，甚至大軍曾經登上九洲的博多，也因途中遇上了颶風而折返，日本人視這場風是神祇的庇蔭，因而稱之為「神風」，當時的「神風」的確曾救了日本，但二次大戰末期的「神風」則無法挽回頹勢，再創神話。心存僥倖的戰爭販子，最終還是難逃一敗的命運。

二

日本有史以來，一直未曾給外族統治過，所以，戰後被美國為首的盟軍管治了數年，不少日本人引為奇恥大辱。但事實上，那幾年國際風雲驟變，日本得到了喘息的機會，加上美國大力的扶持，日本很快便從戰敗中復甦過來，得以專心發展經濟，終而得以自戰爭廢墟中復興，成為經濟大國。所以，一般日本人對美國的感情是既愛又恨，顯出矛盾的一面。尤其是先後兩個原子彈都投落日本，更令他們的內心感到難受。

在原子彈投落日本前夕，日本雖然在戰事上已逐漸失利，但還在堅持苦撐，除非戰爭終有一天帶進了日本本土，否則他們絕不會投降，更不會作無條件的投降。賴以支持這種想法的信念，就是源自一種神道的迷信，以為日本必有神祇的庇蔭，是不會戰敗的。有史以來都是天皇萬世一統，當是神祇的特別眷顧。所以，明知不可為，他們也以為有神蹟可恃，希望可以絕處逢生，「神風特別攻擊隊」只是這種迷信思想的具體化而已。

「神風特別攻擊隊」是由當時日本第一航空艦隊司令長官大西瀧治郎所整編的，其實他應該估計到戰事已無望，才想出了這種自殺式「予及汝偕亡」的行徑，企圖創造奇蹟、創造神話。不過，這也是當時不少日本人的想法，他們一心希望「神風」再現，使日本免於敗亡。

「神風」所指，本來説的是蒙古軍進侵日本的故事，日本歷史上唯一的兩次受到「異國襲來」的，就是蒙古人分別於公元一二七四年及一二八一年兩次進侵日本。第一次派遣遠征軍二萬八千人，乘坐九百艘戰船，要從對馬、壹歧進侵博多。第二次則兵員超過十萬，而且兵分兩路，一要從東路的對馬、壹歧推進，另一則由南路出發，然後兩路人馬在平戶島合流，希望一舉攻入博多。但奇怪的是，先後兩次都在博多灣遇到了颶風，令蒙古軍幾乎全軍覆沒，向來南征北戰，幾乎攻無不克、建立橫跨歐亞大帝國的蒙古軍，竟無法攻入日本，而日本亦因颶風之助，一直得以保持不受外族統治的歷史，這種歷史上的巧合，使日本人益發相信，這風是「神風」，是神祇用以保護日本的。但這個神話，最後還是不免因「神風特別攻擊隊」的失敗而破滅。

三

「神風特別攻擊隊」的組成，是在二次大戰結束前夕，那時戰事方酣，但形勢已逐漸對日本不利，眼看戰事要帶到日本本土了，他們才想出了這近乎絕望的作戰方式。它的精神是「寧為玉碎，不為瓦全」，用自己血肉之軀以攻擊敵艦，希望玉石俱焚，擴大敵方的損耗，那些機師出發之前，早已帶着「有去無歸」的心境上戰場，不過，那些青少年們，大部分都並不悲戚，而是表現得非常勇毅激昂，而家人也表現出慷慨從容；他們內心世界是否如此固難知曉，但表現出來的，起碼已顯出了「視死如歸」的意志。

支持着這種行為的信念和背後思想，自然主要是神道思想的迷信，他們以為日本一直得到神祇的庇蔭，強大如蒙古，也先後兩次進侵日本本土，而為「神風」所阻，無法如願。在軍國主義的教育下，一般日本人真的相信，他們會有神祇的庇佑，即使到了最後關頭，也自有「神風」為助，這就是為甚麼他們想到了這樣的作戰方式，想到了以「神風」來為其「特別攻擊隊」命名的原因。

當然，除了人們一直相信「神風」能夠發揮作用之外，「神風特別攻擊隊」現象的出現，還有一個特別的原因，就是日本人對死亡的看法。對於死亡，日本人認為是美麗的，尤其是自中世以來，滲入了佛教淨土宗的思想，認為人死了可以輪迴再生。我們一般所說的武士道精神，即隨時可以為其主人而殉死、而切腹，就是這種死節的具體表現。日本人歷史上，切腹而死的人不計其數。他們為了一時的得失，甚至為了忠於其主，或為了某一個信念，可以從容地剖腹自盡，在剖腹自盡之前，還有種種的儀式，把死亡作為「美」來看待。

一般日本人，都把「神風特別攻擊隊」的隊員之死，比喻為櫻花的花開花落。眾所周知，日本的櫻花，盛放時非常璨爛，但不可以「一枝獨秀」，而是要滿坑滿谷，遍地繁茂，才最稱美麗。另一方面，它的生命也很短暫，盛開的時間很短，不久就散落，日本人對於死亡，就希望如同櫻花般，在最燦爛時候倏然而逝，人生要如此才算最美，這就是為甚麼「神風特攻隊」的隊員，大都含笑而去，走上不歸之路。

兩首反戰小詩

第二次世界大戰結束之前，日本在戰場上漸次失利，即便不是原子彈投下廣島、長崎，戰爭同樣會結束，戰敗的一方也同樣是日本。原子彈的投下，只是加速了戰爭的終結而已。不過，如果不是投下了原子彈，而且不是在三數天之內先後投下兩個，那究竟要拖到甚麼時候，仍然是未知之數，因為即使戰爭形勢逆轉，日本還是可以苦撐一段日子的。

其實，早在一九四一年十二月八日日本偷襲珍珠港，發動了太平洋戰爭之時開始，敗象已逐漸呈現，因為把原本已投下不少兵力的中國戰區擴大了，不但想速戰速決的策略行不通，反而加大戰區，伸長戰線，要應付起來自然更感困難。不過，那時的日本，已給軍國主義帶着走，戰敗的悲劇到底是無可避免的了。

事實上，在太平洋戰爭爆發之前，日本國內的有識之士，都紛紛表示了憂慮，可是，軍國主義氣氛瀰漫，一般人根本沒有注意到局面的可慮，京都大學教授鈴木虎雄先生，在這方面表現出他敏鋭的觀察力和憂慮，早在一九四一年十月，剛在太平洋戰爭爆發前夕，他寫下了這麼樣的一首《無題》詩：「奪民意志赴干戈，四海風雲月夜多。若使管商長跋扈，神州天地竟如何。」這詩一方面訴説軍國主義者「奪民意志」、大動干戈，以致引起「四海風雲」；另一方面亦表現了無限憂慮之情，國家讓「管商」之流長期跋扈下去，「神州大地」又會怎樣呢？

這「神州大地」可以是說中國大陸，也可以借用來說日本本土，無論如何，都是令人憂慮的。要注意的是，這首小詩是在太平洋戰爭爆發之前寫的，可見鈴木先生對時局的洞察力，反戰的情意是很清楚的。

到了太平洋戰爭爆發之後，日本漸感吃力，美國的參戰，令日本窮於應付，國內物資日感不足。到了一九四四年，也就是終戰前的一年，民生已日形困苦，我們只要看看當時另一位曾任京大教授的河上肇所寫的一首小詩就可知道若干端倪，詩題是《兵禍何時止》，內容是這樣的：「薄粥猶難得飽嘗，煮茶聊慰我飢腸。不知兵禍何時止，破屋頹欄倚夕陽。」詩中所陳，其實已不是河上肇個人境況的反映，而具有一定的普遍性，反戰的情意就更清楚了。

有鄰館之藏

有鄰館的取名，恐怕是本於《論語》「德不孤、必有鄰」而來。說明這「有鄰館」的主人，喜愛與有「德」者相呼應。

作弊

《清史稿 · 選舉》中稱美清代皇帝「以科舉為掄才大典，雖初制多沿明舊，而慎重科名，嚴防弊竇。立法之周，得人之盛，遠軼前代。」可知清初諸帝對於八股取士雖然沿襲明代之舊，但對於科場的公平、客觀程度卻是非常重視的。特別是順治、康熙、雍正、乾隆四朝，渴求治國良才，對科名尤其慎重。防止科場舞弊、作弊的措施，更是嚴格異常。考官、學政倘有受賄舞弊之類，往往要腰斬棄市，籍沒家產，而父母兄弟妻子亦要充軍戍邊，其他瀆職人員亦一律嚴懲治罪，絕不姑息。再加上當時文字獄盛行，士子都戰戰兢兢，等閒不敢胡來。

不過，無論朝廷如何嚴酷對付作弊的考生，但因為功名的吸引力實在太大了，所謂「家無讀書子，功名何處來」，在功名富貴的誘惑之下，依然有不少讀書人不惜以身試法，妄圖用不正當的手段來蒙混過關，作非分之想。「道高一尺、魔高一丈」，防止作弊的措施愈是嚴苛，作弊的方法也就愈多樣化，於賄賂、疏通之外，最直接而又普遍的一種作弊方法就是「夾帶」了。所謂「夾帶」，就是把應考的內容預先寫好，夾在衣服之內，然後偷運入秋幃的試場，以備必時之需。近代學者商衍鎏《清代科舉考試述錄》和日人宮崎市定在論述中國科舉制度時，都有提及這種「夾帶」的作弊方式。而京都的有鄰館，更藏有這樣的一件「夾帶」實物，可資參考。

就記憶所及，京都有鄰館內所藏的一件「夾帶」實物，是一件上衣，夾在外衣與裏面襯衣之間，是用絹縫製的衣裳。特別的地方，是它在整件衣裳的上面，竟然寫上了《論語》、《孝經》、《孟子》、《中庸》等書的所有內容，全數約在六十萬字之譜。以細細的楷書，寫滿了整件「夾帶」衣裳的裏面和外面。由於過去的試場，考生與考生之間是分隔開的；獨處一室，遇上自己遺忘的內容，便可拿出「夾帶」的東西來偷看。僥倖的便可藉此蒙混過關；萬一不幸被查出，也可辯稱自己身懷聖人之教，作息與共，不敢須臾或離。當然，這樣子的辯稱，能夠取信於人的，絕無僅有。

歷代科舉之中，究竟有多少人因作弊而獲得功名的，固然無從統計，但因作弊而招殺身之禍的，卻史不絕書。

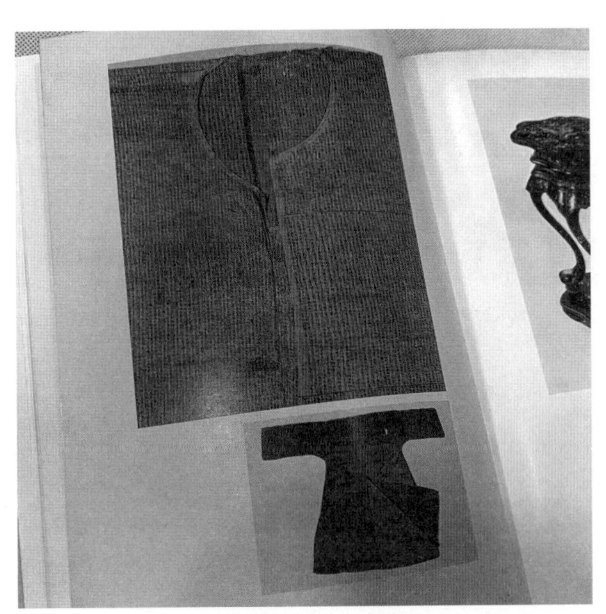

科舉考試中的作弊夾帶衣裳，拍攝自《有鄰館精華》

有鄰館

談考試作弊，順便提到了藏於京都有鄰館的一件「夾帶」衣裳實物。關於有鄰館，由於是間屬於私人經營的博物館，也許知者不多，其實是很值得一提的博物館。

有鄰館位於京都市左京區的岡崎圓勝寺町，附近博物館、美術館林立，著名的京都大學也在區內。它是三層高的混凝土建築，屋上配上了北京作為皇宮紫禁城一部分的八角堂和乾隆年燒製的黃釉瓦。正門外一對石獅子，獅子下各蹲着一個石

有鄰館全景，拍攝自《有鄰館精華》

座，夾着幾級石階，引入正門，正門上寫着「有鄰館」三個字，殊不顯眼；但因為整座建築物具備頗濃厚的中國風格，有其莊嚴壯麗的一面。

稱為「有鄰館」，據説含有「友邦善鄰」的寓意，目的在重視「中日親善」的關係。不過，它最初的取名，恐怕是本於《論語》「德不孤、必有鄰」而來。説明這「有鄰館」的主人，喜愛與有「德」者相呼應。而這個「德」，大概指的就是「好古敏求」者對古物的愛好，因為這個「有鄰館」主人最喜愛收藏的，就是作為近鄰的中國的文物。

這個「有鄰館」的主人名藤井善助，生於明治六年（公元一八七三年），卒於昭和十八年（公元一九四三年），本來是個實業家。事實上，一直以來，藤井家已是近江名商家之一，也向來喜歡收藏中國書畫，不過，大規模的收藏，還是由藤井善助開始。藤井善助畢業於京都市立第一商業學校，明治二十三年（公元一八九零年），遊學於上海的日清貿易研究所，這個研究所，亦即後來的東亞同文書院大學。返回京都後，主要從事的是紡織、棉花貿易的買賣，並旁及其他製紙、鐵道之類的商業活動，也曾當選日本滋賀縣的眾議院議員。三十六歲後，因受到雲集於京都的中國學學者的影響，着意於蒐集中國的古代文物。由於當時的中國，正值清末民初之際，社會動盪，文物易於流散，所以，藤井善助很有收穫，收集了不少珍貴的中國文物。到了日本的大正十五年（公元一九二六年），終於建成了現今這個「有鄰館」，作為陳列其藏品之用。

「有鄰館」一般亦稱作「藤井有鄰館」。

談有鄰館的藏品

一

有鄰館，也稱「藤井有鄰館」，是坐落於京都左京區的一間私營博物館。創辦人是藤井善助，現在卻由一個名為「藤井齊成會」的機構管理。裏面所收藏的都是中國的歷史文物，主要都是藤井善助在清末民初至抗日戰爭之前從中國蒐集而得的東西，藏品堪稱豐富，精品亦復不少。不過，由於向來不太注意於宣傳，比較低調，所以，不少到訪過京都的朋友，都未必知道有這麼樣的一間博物美術館。

有鄰館的藏品中，除了我們先前提過有件屬於士子在科舉應考時用來作弊的「夾帶」衣服外，還有其他不少文物，包括了上至殷代的青銅器、南北朝代的佛像、兩漢的陶俑、唐代的三彩、敦煌的佛畫、漢魏的石經、歷代的璽印、書畫、硯台以及其他文玩用具等，不但藏量豐富，當中還有不少是難得的精品，非常珍貴。

藤井善助之所以能夠收藏了那麼多的珍貴文物，一方面固然因為他長袖善舞，經營有道，並且醉心於中國的歷史文物的關係；另一方面也因為當時中國國力不振之故。當時的中國，正值清末民初之際，內憂外患，社會動盪不安，一般老百姓惶惶不可終日，文物的流散在這種背景下顯得分外嚴重，不少外國收藏家都趁這個機會爭相蒐集、收購，藤井善助只是其中之一，不過，卻可稱得上是最有收穫的藏家之一。

在有鄰館的收藏品之中，有件被視為日本「國寶」級的文物，是唐代紙本墨書的《春秋經傳集解》。《春秋經傳集解》本來是晉杜預所著《春秋經》和《左氏傳》的注釋，共有三十卷，但這一唐代鈔本，則只得第二卷殘卷中的第一卷。較為特別的是，這鈔本的紙背卻寫有《雙林善慧大士小錄並心王論》一文，據說是日本承曆二年（公元一零七八年）由高野山的僧人所寫的，是古代流入日本的一件文物，日本明治初年時回歸中國，但五十年後再度流入日本，而成為日本的「國寶」。

二

有鄰館藏品之中，除了唐鈔本《春秋經傳集解》並其紙背上所書的《雙林善慧大士小錄並心王論》，因曾由高野山僧人書寫而與日本有關、被視為日本的「國寶」級文物外，其他屬於文物名品的亦復不少，當中更有被評為「重要文化財」之列，相當珍貴。

像一尊名為「古式金銅菩薩立像」的文物，便被視為「重要文化財」之一。那是在中國陝西省三原縣出土的，屬於五胡十六國時代的文物。我們知道，佛教在東漢末年傳入中國，但佛像到底甚麼時候開始傳來，卻不太清楚，五胡十六國應該是比較早的時期，這尊佛像可說是中國出土佛像中最早的作品之一。

這個名為「古式金銅菩薩立像」的佛像，高約三十三厘米，整個以金銅鑄造，面相祥和，右手微舉，左手持瓶，直立於蓮座之上，蓮座的規模較大，現在只剩下中心部分。頭上的毛髮鏤刻細緻平直，相當整齊。

整個佛像，最特出的應該是他的面相和衣飾，具有濃厚的西洋風格。我們知道，西洋的塑像藝術，是古希臘以來，即重視神情和動態，有強烈的質感，尤其是襯托着塑像動態的衣褶痕，更是一絲不苟。我們從一般外國博物館所見，往往可以見到塑像的衣褶痕，大都千變萬化，裙裾生風，顯出各式各樣的姿態。有鄰館的這尊佛像，正面因有垂肩及膝的衣褶痕，背面更全是衣褶的結構。

至於他的面頰，祥和中帶着微笑，顯出了佛教無限的慈悲胸懷，這種慈祥的微笑，原本也屬於西洋的風格，公元前四世紀，印度西北部引入了希臘的文化，其後雖然還是以印度文化

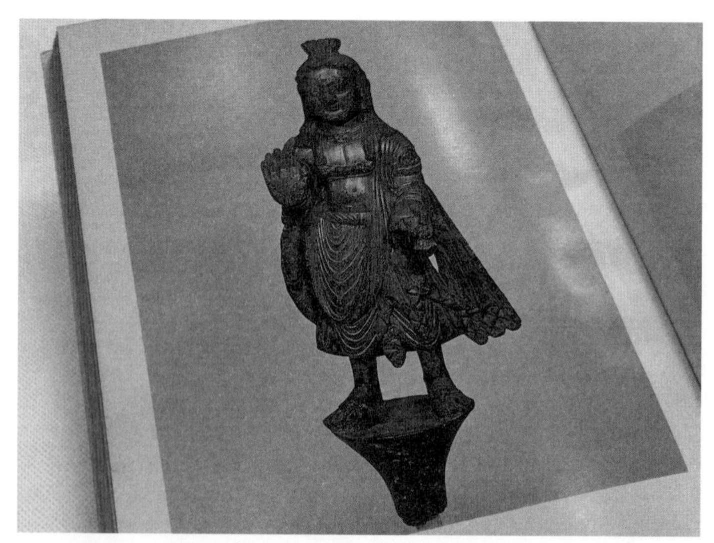

五胡十六國時代古式金銅菩薩立像，拍攝自《有鄰館精華》

為主導，但希臘文化中的雕塑藝術卻對當地續有影響，面相中的神情當屬其中之一。後來佛教傳入中國，西域中的安息、月氏諸國的僧人紛紛來中國傳教，在翻譯佛經之外，也帶進了不少佛教藝術，因而出現了這尊「金銅菩薩立像」式的微笑，而中國佛教藝術也因而有了更燦爛的發展。

除了「古式金銅菩薩立像」之外，有鄰館還有不少石佛像，由北魏到唐代，有從石窟中取來的佛頭，也有單一的坐像、立像，形象鮮明，蔚為大觀。

三

有鄰館所藏的佛像中，除了「古式金銅菩薩立像」之外，其餘大部分都屬於石刻的佛像。「古式金銅菩薩立像」無疑是一個很有特色的佛像，一方面是金銅合金的製作，另一方面也是中國出土佛像中最早期的作品之一。具有濃厚的西洋雕塑風格的影子，令人看到了印度在佛像的雕塑藝術方面所受到西方文化的影響。至於其他石刻的佛像，除了其中一個佛坐像是唐貞觀年間的作品外，其餘都屬於北魏、東魏、北齊等時期的作品。那時佛教盛行，佛像普及，尤其中國西北地區，不少山洞石窟，都開鑿了各式各樣的佛像，形成了龐大的雕刻藝術群。

有鄰館的藏品中，也有不少這類佛像的收藏，像其中一個大的佛頭像，即取自山西大同的雲崗石窟，雲崗石窟原是北魏時期的名窟，開鑿期間前後約有三十多年，共有大窟、中窟各二十個，小窟和佛龕無數，佛像數目也難以估計。至於有鄰館中這個佛頭像是怎樣給取下來的，我們無從了解，不過，清末民初，這類事情已是司空見慣，我們也難以深究了。

佛頭像的造型圓潤豐滿，兩眼無珠而平直，向兩旁伸展，嘴角微掀，略帶笑容，鼻高而直；刻工的刀法簡單而明快，但佛頭看來則似乎蘊含着無限的情意，可說是件很成功的作品。

除了佛頭像外，值得一提的還有「彌勒三尊佛立像」，所謂「三尊」，其實不是獨立的三尊，而是刻在石灰岩上有背景的三尊佛像，而且主要的是彌勒佛像，左右兩旁站着的是脇侍菩薩，各站在一個蓮花之上，但像的大小，只及彌勒像的三分之一，而且較為平面化，沒有彌勒的立體感，目的只在突出彌勒的主體立像而已。至於背景，則是奏樂的飛天，造型靈活多姿，很有動感。至於彌勒主像，則站在蓮座之上，面帶笑容，

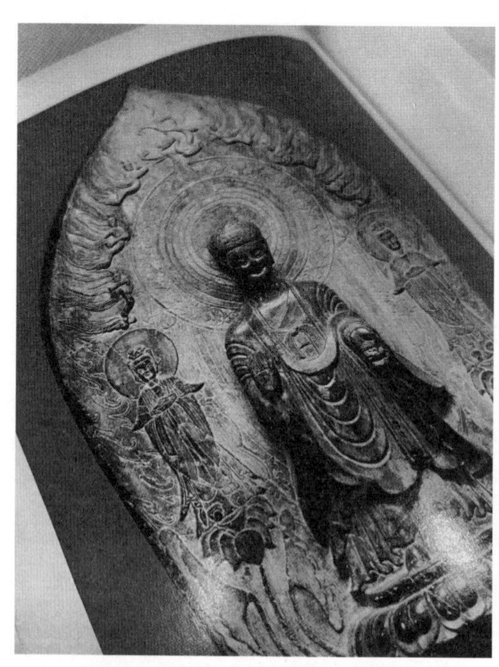

東魏天平二年間「彌勒三尊佛立像」，拍攝自《有鄰館精華》

狀至愉快。不過，體型則沒有後世彌勒佛像那麼肥潤。佛像下刻有銘文，知是河北高陽郡張白奴等眾多比丘尼供奉的佛像。

這個「彌勒三尊佛立像」，作於東魏天平二年（公元五三五年），充分顯示出當時群眾心目中彌勒佛的姿態。在日本，也被視為「重要文化財」。

四

有鄰館的藏品之中，佛像無疑是個重點的收藏，不過，那還只是它部分的藏品而已，除了佛像之外，它還有為數不少的青銅器、歷代書畫作品、傳統的陶藝、自墓穴中出土的陪葬品，以及歷代的璽印篆刻等，從文物蒐集的角度來說，是既豐富而又精美的。

在有鄰館所收藏的名品中，時代最久遠的是它的青銅器。我們知道，所謂「青銅」，主要是銅和錫的合金，除銅、錫之外，便是些分量不太高的鐵、鉛、銀甚至金等，對於青銅器的鑄造技術，我國在殷周時代已非常先進，大部分的青銅器，外表都刻有各具特色的紋理，或者刻上文字，成為傳國的重器，或祭祀的器皿，具有權力的象徵，當然，也有成為酒器、食器的，具有實用的價值。

在有鄰館所藏的青銅器中，時代最久遠的是一個「饕餮虺龍文」的「卵形容器」，那是個在河南安陽侯家莊西北殷墟出土的一具文物，屬於殷代時的物品，它的外形，就像一個豎立的雞蛋，所以稱為「卵形容器」，下部圓大，底下有三隻短而肥大的腳，顯出穩重而安定，頂部有小蓋，容器的整體都刻有彩紋，那就是所謂「饕餮虺龍文」。容器高六十厘米，一般相信那是個瓶，或者是跟卣、尊相類的酒器，具有實用的價值。

除了這個歷史久遠的容器以外，有鄰館的青銅器還有不少，包括了殷後期、西周初期、西周後期、戰國及漢代出土的斝、鼎、鐘、簋、盉、匜、匜、壺、鼓、鏡等器物，形象多樣化，幾乎沒有一樣是相同的，甚至沒有一樣是相似的，我們可從中看到了先民的智慧表現，勞動結晶和藝術成就。

在眾多的器物中，跟傳統所見的青銅器最不相像的應該是隻「犧牛」了，它屬於戰國前期的文物，在山西渾源縣李峪村出土，形相特別、有趣，大大的耳朵，眼、鼻、小尾，身體有渦文，顯出那是隻小犢。它四腳微彎，嘴角略為掀起，像被人拉着而又不欲前進的樣子，神態生動而趣致。據説當時一齊出土的共有三隻小犢，但現在只剩下這麼一隻而已。

饕餮虺龍文卵形容器，拍攝自《有鄰館精華》

戰國前期犧牛，拍攝自《有鄰館精華》

流失的璽印

有鄰館的藏品中，佛像和青銅器都是重點的收藏，不但數量豐富，而且裏面也有不少精品，除了文物的意義外，還深具有歷史的價值，說到歷史的價值，館內的璽印是值得一談的。

說到璽印，館內藏品不少，館方還特別刊印了一本《璽印精華》，詳細地把所藏的豐富璽印分類整理，作為記錄。在這些璽印之中，有些是帝王的印章，它是怎樣流失，又怎樣去了日本的呢？這都是有趣味的事。不過，正如我們提過，清末民初之際，社會動盪不安，文物的流失嚴重，不少無價之寶，都是莫名其妙的不見了。這裏所說的，只是其中一點小小的反映而已。看到這些流失了的璽印，令人不禁深為惋惜，當然，從另一個角度來看，這些璽印尚能保留在人間，也算不幸中之大幸了。

在這些璽印之中，有一方「十全老人之寶」，那原是清乾隆帝的玉璽，乾隆自稱有「十全武功」，因而亦有「十全老人」之號。這個玉璽，上面刻有個雙龍鈕，四邊則刻有四百八十餘字的「十全老人之寶說」，把刻印的原委作一說明，其中提及:「《十全記》既成，因選和闐玉鐫十全老人之寶，並為說曰：十全本以紀武功，而十全老人之寶，則不啻此也，何言之，武功不過為君之一事……」其後都是歌功頌德之事，而印的正面，則是篆書的「十全老人之寶」幾個大字。乾隆的璽印雖然不只這麼樣的一個，但這是他自稱「十全老人」之後的璽印，屬於晚年之作，應該有一定的歷史價值，在正常的情況下，這是不該流失的。

除了這個「十全老人之寶」的玉璽外，有鄰館的璽印中，還有漢「彭城丞印」和魏「關中侯印」兩方，亦很有歷史價值。漢「彭城丞印」是個蛇鈕銅印，彭城丞是漢代高祖劉邦弟劉交，由於他受封於楚國的彭城，因此有此稱號。印的正面是隸書，可以看到漢初篆刻剛剛脱離秦印影響之後的規模。至於魏「關中侯印」，則是魏曹操所有的印章，曹操因軍功而官至關中侯，得紫綬金印，這「關中侯印」屬於純金雕刻的印章，尚有龜鈕，正面亦是隸書，深具歷史價值。

「十全老人之寶」是乾隆皇帝的玉璽，照璽印四邊的説明，這個璽印是選自和闐的美玉而刻成的。和闐是我國著名的產玉區，無怪乎此玉璽看來平正溫潤，很可賞翫。至於璽印的文字本身，筆畫粗圓，屬陽文篆書。「十全老人之寶」六字分三行，每行兩字，端正整齊，有股帝王的氣度。歷史上，乾隆的文治武功都頗出色，不過，如果從事實的角度來看，則他的武功還夠不上稱為「十全」，只是他喜歡自詡其武功成就，因而常自稱為「十全老人」而已。這個玉璽應該是他晚年的東西，但不知怎的會流到日本去。

「十全老人之寶」是個玉璽，用玉作為質料。至於漢「彭城丞印」則是個銅印，以銅作為質料。而「關中侯印」則是個金印，是以純金為質料的。「彭城丞印」屬於漢初的印章，而「關中侯印」則屬於漢末的作品，兩者各具不同的時代特色，也顯出了用金屬刻印的不同。「彭城丞」指的是漢初受封於楚國彭城的劉邦之弟劉交，「關中侯」則指的是漢末的曹操，曹操於建安二十年以軍功封關中侯。這兩方印章都很有歷史價值，是不應該流失的文物。

清乾隆帝玉璽「十全老人之寶」，拍攝自《有鄰館精華》

漢朝銅製「彭城丞印」，拍攝自《有鄰館精華》

石經殘石

除了璽印之外，值得一提的是有鄰館還藏有兩塊石經的殘石，一塊是「熹平石經」，另一塊是「正始石經」。熹平是後漢靈帝的年號，熹平四年時，為了統一經書上的文字，將《周易》等七經刻在石碑之上，並立於洛陽的太學講堂之前，作為標準。由於當時還沒有印刷，書籍的流傳主要靠抄寫，轉抄之際，文字容易出錯，把經書刻在石上，便有了一個客觀的標準，即使抄錯了，也有了更正的依據。有鄰館所藏的這一塊「熹平石經」殘石，共存百餘字，屬於《儀禮》上的經文，所用的書體是當時通行的隸書。

至於「正始石經」，就是在魏正始年間刻的，同樣立於洛陽太學講堂之前，所刻的只有《尚書》、《春秋》、《左氏傳》三經，不過，經典上的文字，皆以古文、篆書、隸書三種書體寫成，所以又稱為「三體石經」，殘石有兩面，一是《尚書 · 多方》的經文，另一則是《春秋》中僖公的文字。

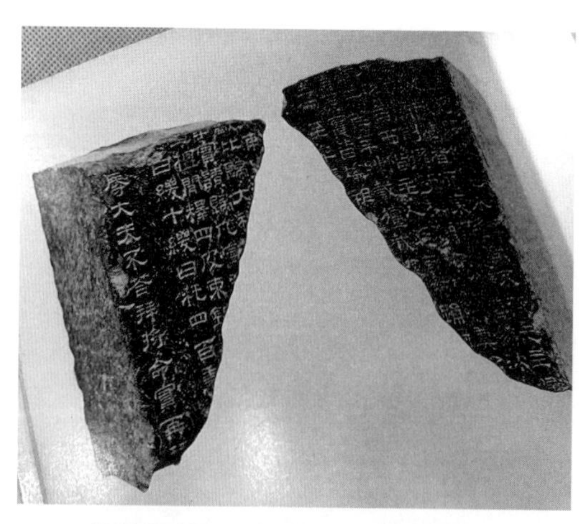

「熹平石經」，拍攝自《有鄰館精華》

書跡和畫作

一

有鄰館是專門收藏中國文物的地方，收藏中國文物當然缺不了歷代書畫的作品，所以，除了提及館中所藏的青銅器、佛像、璽印之外，也應略提一下館內所藏的書畫作品，先說說它所藏的書跡。

館中所藏的書籍最有價值的當首推我們所提過的《春秋經傳集解》紙本墨書，屬於唐人影本，《春秋經傳集解》本來是晉杜預注釋的《春秋經》和《左氏傳》，先是一段經，跟着一段傳，該注的地方，則於句下雙行小字書寫，字體俊秀，運筆一絲不苟，原書共有三十卷，這裏只是第二卷殘卷而已。此書紙背上寫有《雙林善慧大士小錄並心王論》，其中《並心工論》則以雙行小字書寫，為高野山僧人所寫之物，書法較為樸拙。這件文物被定為「國寶」，而且是有鄰館唯一定為「國寶」之物。

除了《春秋經傳集解》被視為「國寶」外，書法作品中尚有被定為「重要文化財」的張即之《李伯嘉墓誌》。李伯嘉是一個名為李衎的人的別字；墓誌銘的原作者是邵明仲，書寫的則是張即之。張即之是南宋末期的書法家，筆勢明銳，筆畫肥瘦有致，抑揚多姿，書風較為獨特，這件文件充分反映出張即之的風格，是難得之作。

這兩件文物以外，較值得注意的包括蘇軾的一通尺牘，黃庭堅的李白《憶舊遊詩》，吳説的「遊絲書」，鮮于樞的《杜甫茅屋為秋風所破歌》，董其昌的謝希逸《月賦》等。蘇軾的尺牘是寫給董侯的書翰，所以一般亦稱之為董侯官帖，這一「官帖」，《渤海藏真帖》和《三希堂法帖》都有選刻，但內容和書體都與此稍異，羅振玉認為以此帖為勝。黃庭堅的李白《憶舊遊詩》所寫的是草書李白《憶舊遊寄譙郡元參軍詩》一首，本來沒有落款，但其後有元代將張鐸和明代沈周的跋文，都一致鑑定此為黃庭堅的真跡。事實上，黃庭堅的草書自成一格，枯藤蔓枝，蒼勁有力，氣勢磅礴，姿勢奇變；要鑑定它是黃庭堅的真跡，其實也非難事。

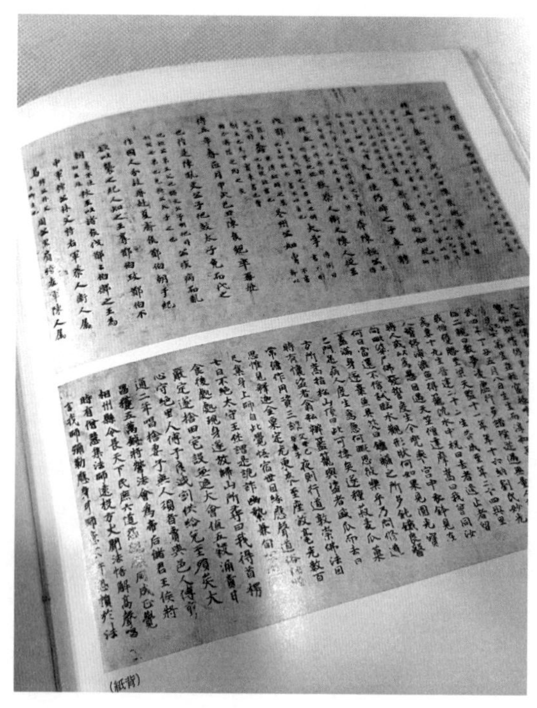

《春秋經傳集解》，拍攝自《有鄰館精華》

二

吳説的「遊絲書」寫的是王安石和蘇軾的詩作，王安石的是兩首七言絕句，蘇軾的則是一首和作。所謂「遊絲書」，即筆畫幼細，寫成絲線的模樣；而且連綿不絕，一行都只是一筆而過，狀若「遊絲」，因而稱為「遊絲書」。至於吳説，則是南宋著名書法家，被認為是宋代小楷的第一名手，「遊絲書」可説是他別出心裁甚有創意的作品，也是他自認得意之作，在這幅「遊絲書」的後面，還有他的一篇小楷跋文。

鮮于樞的杜甫《茅屋為秋風所破歌》是篇大字草書的書卷，後面也有篇跋文，根據其中所述，鮮于樞有意模仿張旭、懷素的草書風格，但照作品所表現的，則字體較為堅硬，寫來也較為認真、慎重，有其本身獨特的風格。鮮于樞是元朝著名的書法家，地位僅次於趙子昂，而以王羲之作典型，行書、草書都是他所擅長的書體。

董其昌的謝希逸《月賦》是篇行書長卷，有二十餘米，所寫的是南朝劉宋謝希逸的《月賦》。雖然董其昌寫這幅字的時候屬於盛壯之年，但筆興到了後半則表露出一些倦意。董其昌是明末著名的書法家，以王羲之為宗尚，亦包含了米芾的精神，表現出一派天真、洗鍊的書風，不但受到時人崇高的稱譽，而且也影響到後來清代的書風。

除了書跡之外，有鄰館還有些著名的畫作，其中名列於「重要文化財」中的就有《秋山蕭寺圖》、《毛詩大雅蕩之什圖》和《幽竹枯槎圖》。《秋山蕭寺圖》是幅北宋的絹本墨畫，作者是許道寧。許道寧是北宋中期的山水畫家，學習李成一家的畫風。李成創出了寒林平遠一類的山水畫作，許道寧則繼承其風格，可說是北宋自李成、范寬以後最著名的山水畫家。「秋山蕭寺圖」是一幅俯瞰式的畫作，表現出華北黃土地帶一片荒寒的風景。除了許道寧擅長的蒼勁林木、平遠、野水等都在畫中找到外，並有一股肅殺的寒意，充分反映出他的風格。成為「重要文化財」，的確有一定的根據。

三

除了北宋許道寧的《秋山蕭寺圖》外，還有《毛詩大雅蕩之什圖》和《幽竹枯槎圖》，都屬於「重要文化財」之列。

《毛詩大雅蕩之什圖》是絹本淡彩的畫卷，除了畫圖之外，復有《詩經 · 大雅 · 蕩之什》相關篇章的經文。經文由南宋高宗所書，他寫好經文之後，命馬和之根據詩意繪圖。在《毛詩》圖之中，這《大雅蕩之什》可算是最古老的了。所繪的圖，包括了《蕩之什》之中的《雲漢》、《常武》等各篇。宋高宗的書法是整齊的楷書，秀美穩重，也是不可多得之作。至於馬和之，於高宗時曾當過工部侍郎，擅長人物風景畫，他獨特的用筆方法，稱為「蘭葉描」、「柳葉描」，自成一格。

《幽竹枯槎圖》則是幅紙本墨畫，作者是金時的王庭筠。王庭筠，河東人，曾仕金為翰林修撰。在金朝的藝苑之中，他書法宗尚米芾，畫風則學習蘇東坡，可說是個較為特出的文人。這幅《幽竹枯槎圖》運筆粗放簡單，蒼勁有力，主題集中在畫的中間，畫一枯槎，旁邊襯以幽竹，氣韻奇高，可說是文人畫的代表作。在王庭筠的作品中，這是現存唯一的真跡。畫後有他自己所寫的題字，中有所謂「涉世便覺俗狀可憎」之句，足見這是他寄興之作。書法本身寫來也是瀟灑飄逸，靈動有致，韻格高尚，與畫風配合。此畫另有鮮于樞、趙孟頫等人的題跋，可說早就受到重視，是幅歷代著名的畫作，的確稱得上是「重要文化財」。

除了這幾幅「重要文化財」之外，有鄰館所藏的名畫還包括了明陸治的《白岳遊圖》，明陳洪綬的《花鳥圖》，明王鐸的《山水圖》，清王時敏的《菖蒲石壽圖》，清龔賢的《山水圖》，清金農的《石交圖》，清羅聘的《無量壽佛圖》等，都是各有特殊風格，表現出不同的藝術手法，雖然不入「重要文化財」之列，但都很可賞翫、很有價值的作品，只是因為多屬明清兩代之作，價值自然難與宋元之作相比了。

四

在有鄰館內所藏的畫作之中，有北宋許道寧的《秋山蕭寺圖》，南宋高宗書、馬和之畫的《毛詩大雅蕩之什圖》，金王庭筠的《幽竹枯槎圖》。三幅宋、金時代的作品，年代久遠，得來不易，而且反映各自不同的畫風，因而都屬於「重要文化財」之列。

至於那些不屬於「重要文化財」的，則大都是明清兩代的作品，表現出不同的作風和格調。如明陸治的《白岳遊圖》畫冊，寫的是由江蘇吳縣起，經浙江，循水路而至安徽休寧的白岳，當中的名勝十六景，並加上了説明，如富春江有名的舟行險灘七里龍和位於白岳山西之奇景石橋巖等，都表現出各自富有特色的景觀，作者陸治，曾受學於文徵明之門，是山水以外，花鳥亦擅長的文人畫家。

陳洪綬的《花鳥圖》是紙本着色的繪圖，中有一長尾鸜鵒，站在枯枝之上，除了鸜鵒外，其他太湖石、枯枝、花草，都竭力排除自然的印象，畫風有點怪異，陳洪綬別字老蓮，明亡之後為僧，改名悔遲。擅長怪異的人物畫，甚有古趣，時人將之與崔子忠相比，稱為「南陳北崔」。

王鐸的《山水圖》是絖本墨畫，畫中山嶺蜿蜒，有屋有樹，河川平遠，構圖豐富。王鐸曾出仕明、清兩朝，官至禮部尚書，書法亦至為有名，除山水畫外，兼善竹石。而山水畫則宗尚五代時的荊浩、關同，講求氣勢，這幅《山水圖》，正好看出他學習荊浩、關同的痕跡。

王時敏的《菖蒲石壽圖》是紙本墨畫，構圖簡單，所畫的只是塊菖蒲石，石上長出了幾堆的菖蒲。根據王時敏自題，這是幅替吳偉業詩作的補圖，圖左正有吳的題詩。吳偉業是明、清之際的詩人，明亡之後九年，他寫下了以《新蒲綠》為題的七律兩首，痛悼遭到劫難的明先帝，其一是：「白髮禪僧到講堂，衲衣錫杖拜先皇。半杯松葉長陵飯，一炷沉煙寢廟香。有恨山川空歲改，無情鶯燕又春忙。欲知遺老傷心處，月下鐘樓照萬方。」其二是「甲申龍玄可悲哉，幾度東風長綠苔。擾擾十年陵谷變，寥寥七日道場開。剖肝義士沉滄海，嘗膽王孫葬劫灰，誰助老僧清夜哭，只應猿鶴與同哀。」王時敏的補圖，正畫出了國運興亡之中，不變的菖蒲石芳姿。

五

吳偉業和王時敏都是明末清初時人，吳是著名的詩人，王則是著名的畫家。這幅吳偉業書、王時敏畫的《菖蒲石壽圖》記錄了吳所作的《新蒲綠》為題的兩首七律，然後由王所畫的補圖，充滿了對先帝痛悼之情，國運興亡變化之思；當然，單獨看王所畫的石頭，實在難以看出有這樣的情懷，必須連詩作一道欣賞，才可看出其中端倪。這是順治十年時之作，反映了一定的時代意義。

龔賢的《山水圖》是紙本墨畫，可說是他晚年的力作。龔賢字半千，是個所謂明末遺民的畫家，曾流寓金陵（南京），晚年居於清涼山下，過其貧困自適的生活。這幅《山水圖》，屬於大幅畫卷，以濃墨為主調，但濃淡對比強烈；所畫的丘壑變化多端，而在丘壑之中的山居小屋則顯得恬靜平淡。整幅大畫都是林壑山水，完全沒有畫上一個人物，這也是龔賢山水畫的特色之一。

金農的《石交圖》是紙本着色的畫冊，屬於金農和羅聘兩人合作的《金羅合璧冊》中的一頁。金農別字冬心，曾流寓於當時著名的商業都市揚州，畫風怪異，與鄭板橋、李方膺、汪士慎、高翔、黃慎、李鱓、羅聘等合稱「揚州八怪」。金農之怪，主要跟他對金石的癖好有關，他的畫和書法都很有金石味。譬如這幅《石交圖》，除了畫上石頭和一盤菖蒲外，還有他獨特的書法，既似隸，也似楷；是一種變格的書體，寫着「石交」兩個大字，並有一首題詩，詩題是《默齋先生屬為菖蒲寫真，並系以詩》，詩的內容是：「石女嫁得蒲家郎，朝朝飲水還休糧。四月楚天青可數，一生綠髮無秋霜。」整個畫面，都滿是金石的氣氛，一片古趣。

羅聘的《無量壽佛圖》是紙本着色畫冊，也是《金羅合璧冊》中的一頁。羅聘，別號兩峰，曾夢見自己的前身是花之寺的主持，因而又別號花之寺僧。其畫風師法金農，被認為是金農的入室弟子，亦以「怪」出名，《鬼趣圖》是他的代表作。這幅《無量壽佛圖》，整個構圖，就是當中畫一羅漢，畫的右方題有「前身花之寺僧羅聘盥手圖畫」數字，雖亦作隸書，但與金農的書法則絕不相類，看不出有任何「怪」味。

秦權和綠釉陶

我們談了多篇有鄰館的藏品，有佛像、青銅器、璽印、書籍、繪畫等，談的都是該館主要的文物，其實，除了這些之外，有鄰館中所藏的東西，還有不少其他物品，有的還是陪葬的藝術珍玩和日常用具之類，相當豐富，也是很有歷史的價值。

譬如象徵秦國統一度量衡的鐵權、銅權、銅量，便很有歷史的意義。秦始皇帝統一天下，其中的一項功業就是要天下的制度一致化，所謂「書同文、行同倫、車同軌」，而度量衡的統一，自然也在其中。三件器物的表面，都刻有誇耀秦功業的銘文，而銘文所用的文字，則為統一六國異體字之後的秦篆。鐵權之上，有一塊銅板，上面寫上了秦二世的銘文，很有歷史價值。我們知道，「權」是重量的標準，而「量」，則是容量的標準，從這些實物中，可見到當時的度量衡制，都已有統一的客觀標準了。

陪葬品之中，比較特別的有漢代的「綠釉」陶和隋代的陶立俑。所謂「綠釉」陶，即在陶器上塗上了綠釉，在漢代，那是一種陪葬的明器，形狀多樣化，很有創造性。有鄰館所藏的出土綠釉陶中，有綠釉樓閣、綠釉鷲和綠釉梟三種，造型各有特色。綠釉樓閣有三重樓，反映了漢代以前高樓建築的模樣。綠釉鷲表現出特殊的神態美，左腳的爪正抓着一隻小兔，然後挺胸睥睨，顯得志得意滿的樣子，甚有強者的意態。綠釉梟有一對，都是站立着的，應該是兩個容器，頭部是容器的蓋，可能取材於殷周以來稱為鴟鴞尊的銅器形式，頭部跟翼部有銀化的現象，身體亦呈褐色，大抵所用的釉有綠、褐二色。眼睛和口形都非常特別，樣相可愛趣致。

另一方面，除了綠釉陶之外，還有隋代的加彩陶立俑。中國古代的陪葬品中，人形的俑應該是最普遍的，這個出土的隋代立俑，是個身材高佻的婦女，身體塗上了薄薄的黃赤色，頭上結了高髻，容姿神情，都表現出雍容華貴的美態。

除了陪葬品之外，有鄰館還有不少的文玩器用，不過，無論是怎麼樣的東西，有鄰館中所藏有的，全都是中國的文物，可說是個典型的「中國文物館」。

三彩魌頭及神將俑，拍攝自《有鄰館精華》

有鄰館和正倉院[1]

位於日本京都市左京區的有鄰館，原名「藤井有鄰館」，成立至今已近七十多年，裏面的收藏品，本來屬於私人所有，其後將之公開讓人參觀，對於其中的文物，大都令人產生深刻的印象。事實上，裏面所藏的東西種類固然眾多，其中更有不少是難得的精品。而且，無論佛像、青銅器、璽印、書跡、畫作，以至其他各式各樣的藝術珍玩，統統都屬於中國的文物，所以，可以說是個典型的「中國文物館」。

這些難得的中國文物，究竟是怎樣蒐集得來的呢？這是饒有趣味的問題，因為他的主人藤井善助先生本來是個出色的實業家，他對中國古美術、古文物產生興趣，並有意蒐集之時，剛好是中國國力不振的清末民初之際，那時候，局勢混亂，文物流失的情況嚴重，藤井先生在一個不大長的時期裏，便蒐集來那麼深具價值的文物，要非在那麼樣的一個特殊背景之下，實在很難辦得到。

事實上，除了藤井先生以外，當時對中國文物興趣濃厚的還有不少，而日本人之外，當然還有歐美各國人士，只是搜集得那麼豐富，藤井先生可說是難能可貴的了。

說到日本的文物館，有鄰館只是其中之一，規模也不算最大，只因它的藏品都是中國古代的文物，我們才覺得它的特殊

1　本篇原刊於《香港聯合報》，1995 年 11 月 16 日。

而已。

其實，說到日本最具歷史、最具規模的文物館，當然不能不說的，是位於奈良的「正倉院」了。

正倉院的歷史久遠，距今已有一千二百多年，屬於日本天平年代（公元七二九年至七六六年）的建築，本來就是奈良東大寺其中的一個附屬倉庫，其後用以存放寶物，成為倉庫群中的「正倉」，一直流傳至今，已成為唯一得以保留下來的倉庫。

所謂「正倉」，亦稱為「正稅倉」，原本用來收納作為田租的稻穀之類的農產品，間中也用以收納其他的財物，可說是古代的一種「官倉」。那時候，奈良的東大寺、法隆寺、興福寺、西大寺等都各有正倉之設，一般也就稱之為某寺的「正倉院」，不過，到了今天，只剩下東大寺的「正倉院」而已，而「正倉院」之名，也漸成為專有的名字了。

正倉院

奈良東大寺大佛殿背後的左面，在一片綠樹濃蔭之中，有座古色古香的建築物，那就是日本著名的文物寶庫——正倉院。

我國的文物寶庫是故宮博物館，現在一分為二：一在北京，一在台北的外雙溪。雖然如此，但無論那一個故宮，裏面的藏品都異常豐富，以中國文物而論，固然世罕其匹，就是從一般博物館的角度來看，也難以找到跟其相類的規模。至於正倉院，亦可稱得上是日本的「故宮」，其中的文物，雖未必可以與故宮博物館相比，但從歷史意義來説，卻是有其獨特之處，即以建築物本身而言，具有上千年歷史的正倉院，比故宮還久遠，正反映出其難能可貴之處。

正倉院究竟建於甚麼年代，實在無法確知，只知道它是奈良時代（公元七一零年至七九四年）的天平年間（公元七二九年至七四八年）的建築物。而日本天平時代，距今已有一千二百多年，一千二百多年的建築，其本身已是個珍貴的歷史文物。

正倉院本來是東大寺的正倉，因為是個寶庫，最初亦名為「東大寺正藏」。由於曾受到帝王的敕封，所以也稱為「敕封倉」。本來，無論中央或地方政府，以至各大寺院，都有正倉院，但在長時期的歷史演變過程中，一般的正倉院都漸漸消失掉，只剩下東大寺這個寶庫，獨佔了「正倉院」之名。現在在日本，只要提起正倉院，已無人不知所説的就是東大寺附近那個文物寶庫。

正倉院既為東大寺的附屬正倉之一，倉庫的開閉和實物的展出與收藏，自始以來即要得到天皇的確認，這就是所謂的勅封倉了。千百年來，一直以來都在中央政府的監督之下，由東大寺加以妥善的管理。到了明治八年（公元一八七五年）轉歸內務省管轄，最後則歸於宮內省所管，如今則屬於宮內廳的保管範圍。

至於正倉院內的寶物，大致上有兩大來源，其一是八世紀中的天平時代，又光明皇太后因東大寺「盧舍那佛」（即大佛）開光而獻納的寶物；另一則是二百餘年後由東大寺「羂索院」的倉庫移入於正倉院寶庫之中的器物。這兩大來源，即構成了現代正倉院藏品的主要基礎。

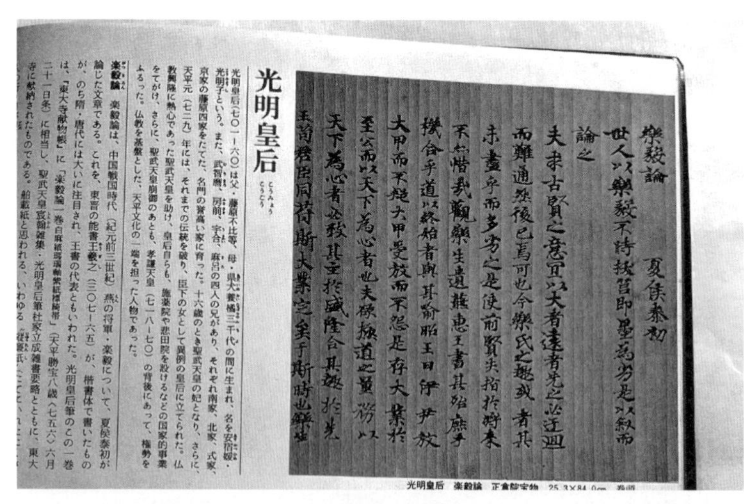
樂毅論　夏侯泰初
世人以樂毅不時拔莒即墨爲劣是以叙而論之
夫求古賢之意宜以大者遠者先之必迂迴而難通然後已焉可也今樂氏之趣或者其未盡乎而多劣之是使前賢失指於將來不亦惜哉觀樂生遺燕惠王書其殆庶乎機合乎道以終始者與其喻昭王曰伊尹放大甲而不疑大甲受放而不怨是存大業於至公而以天下爲心者也夫欲極道之量務以天下爲心者必致其主於盛隆合其趣於先王苟君臣同符斯大業定矣于斯時也樂生

光明皇后

光明皇后（七〇一－六〇）は父・藤原不比等、母・県犬養橘三千代の間に生まれ、名を安宿媛・光明子という。また、武智麻、房前、宇合、麻呂の四人の兄があり、それぞれ南家、北家、式家、京家の藤原四家をたてた、名門の貴高い家に育った。十六歳のとき聖武天皇の妃となり、さらに、天平元（七二九）年には、それまでの伝統を破り、臣下の女として異例の皇后に立てられた。仏教興隆に熱心であった聖武天皇を助け、皇后自らも、施薬院や悲田院を設けるなどの国家的事業をてがけ、さらに、聖武天皇崩御のあとも、孝謙天皇（七一八－七〇）の背後にあって、権勢をふるった。仏教を基盤とした、天平文化の一端を担った人物であった。

楽毅論　楽毅論は、中国戦国時代（紀元前三世紀）燕の将軍・楽毅について、夏侯泰初が論じた文章である。これを、東晋の能書王羲之（三〇七－六五）が、楷書体で書いたものが、のち隋・唐代には大いに注目され、王書の代表ともいわれた。光明皇后筆のこの一巻は、「東大寺献物帳」に「楽毅論一巻白麻紙瑠璃軸紫紙褾綺帯」（天平勝宝八歳〈七五六〉六月二十一日条）に相当し、聖武天皇宸翰雑集・光明皇后筆杜家立成雑書要略とともに、東大寺に献納されたものである。船載紙と思われる、いわゆる

光明皇后　楽毅論　正倉院宝物　25.3×84.0cm　巻頭

光明皇后《樂毅論》，拍攝自《別冊太陽日本のこころ 33 名筆百選》

□責任編輯：蔡志浩
□設　計：Fuzzy Design
□排　版：時　潔
□印　務：劉漢舉

摘藝中日

□
作者
陳志誠

□
出版
中華書局（香港）有限公司
非凡出版
香港北角英皇道 499 號北角工業大廈一樓 B
電話：(852) 2137 2338　傳真：(852) 2713 8202
電子郵件：info@chunghwabook.com.hk
網址：http://www.chunghwabook.com.hk

□
發行
香港聯合書刊物流有限公司
香港新界荃灣德士古道 220-248 號
荃灣工業中心 16 號
電話：(852) 2150 2100　傳真：(852) 2407 3062
電子郵件：info@suplogistics.com.hk

□
版次
2025 年 7 月第 1 版第 1 次印刷

□
規格
32 開（210 mm × 150 mm）

□
ISBN：978-988-8913-21-3

香港藝術發展局
Hong Kong Arts Development Council 資助

香港藝術發展局支持藝術表達自由，
本計劃內容並不反映本局意見。